退休，任性一點又何妨

葉金川——著

◆ 目錄 ◆

退休，任性一點又何妨

輯一 ◆◆◆ 尋找生命中的驚奇吧！

一路玩到掛

文／張鴻仁（上騰生技顧問股份有限公司董事長）

　　2007年，傑克尼克遜和摩根費里曼兩位天王巨星合演了一部電影《一路玩到掛》，敘述兩個癌症末期的病人，如何面對「死刑」，卻又歡度餘生的故事。這部電影最大的缺點是我們學不來，因為如果沒有跟一位富豪同病房，一般薪水階級退休的人（摩根費里曼飾演的角色），無法體驗劇中許多「奢華」的情節。

　　葉教授的這本《退休，任性一點又何妨》，是這部名片的平民版。這位在四十五歲替臺灣建立舉世聞名的全民健保制度、六十歲完登百岳的鐵人，在退休前夕，竟然發現自己罹患淋巴癌。從此，就思考如何在「掛掉」之前好好享受人生；後來，經診斷確認自己的壽命比原先悲觀預期的長，就從「拚命的玩」，轉為有計畫地到處玩。

　　葉教授說的「任性」，讓我想起以前有一個廣告說「只要我喜歡，有甚麼不可以」，最近和好友相聚，一群「六旬老翁」卻只能感嘆「只要我可以，我甚麼都喜歡」。任性是要有實力的，

最重要的當然是健康，其次才是金錢，而能夠享受任性的「自由度」，有些能力是需要訓練的。

生命是很奇妙的，人的壽命有限，雖然是鐵律，但多數人非得等到最後關頭才會驚覺餘生無多，而勇敢追夢。本書作者就是在遇到人生的大關卡之後才大徹大悟，於是，在短短的三、四年間遊遍半個世界。從阿拉斯加的冰川泛舟、西澳大利亞的Long Stay、紐西蘭北島的末日火山Tongariro、南澳皇后鎮的高空彈跳、南美秘魯的馬丘比丘，以及入住喜馬拉雅安納普娜基地營等，這些行程我們不見得都可以追隨，但葉教授說得好，最重要的是「創意、勇氣和能力」。他曾在前衛生署長楊志良教授六十七歲時，連哄帶騙把楊教授帶上雪山，雪山是臺灣第二高峰，難度比登玉山高很多，他以這個例子說明，只要規劃得當，有決心與毅力，大家都能登高山。

前一陣子，葉教授夫妻倆到紐西蘭北島住了一個月，機票加吃住，每個人才花七萬多元，期間住青年旅館，睡帳篷，搭各種大眾交通工具，大部分時間自己做飯，這其中的樂趣是一般罐頭式旅行團無法相比的。而消費之親民，當然是一般大眾退休之後可以享受的。

有了這些經驗，葉教授建議一般人五十歲開始規劃人生的下半場，那麼，生命會更有價值，萬一不幸走得早，也無遺憾。

這本書共分為兩個部分，「輯一」是作者和他的夫人張媚教

授夫妻倆攜手「從天涯玩到海角」的紀錄，一開始就以「與熊共舞」的有驚有險情節揭開序幕，一路上從划海洋冰川獨木舟，到挑戰五千多公尺的高山。我依稀記得這幾年常找不到他的蹤影。在Line的群組中，他所傳的照片，一下子在南美，一下子在土耳其，或東或西，忽高忽低，真是神龍見首不見尾。沒想到短短的三、四年間，他就踏遍了半個地球。期間有登山、有健行、有泛舟、有漂流、有休旅車自駕，也有單車騎千里，最後還挑戰了一般人的登山極限——雪季挑戰海拔四千多公尺的安納普娜基地營。有些行程是需要登山訓練的「職業級」行程，當然也有較平民、給多數「假日登山客」的大眾化路線。

　　「輯二」主要是給四、五、六年級生參考的經驗談，簡單的說，不要等到得了重病才覺醒退休生活要及早規劃。其中，我特別喜歡「做一件感動自己的事」，對平常人而言，這輩子大概不可能選總統，也不會成為張忠謀，假如當公務員，也不太可能常碰到全民健保開辦這類大事件而揚名立萬；但是每個人可以隨時做一件感動自己，又對社會有益的事，尤其是退休之後，時間變得更彈性。這個社會批評的人太多，默默做事的人太少，及早規劃退休生活是改變自己，默默行善則能改變社會。

　　這不是一本旅遊的書，是屬於「中年勵志」類，讓我們挑戰生命的極限、豐富人生下半場的好書，對四年級生的我而言，有點來晚了，但英文說的好「Better late than never！」開始行動吧！

人生就是要率性

文／趙少康（中國廣播公司董事長）

　　葉金川兄自1979年進入衛生署擔任技正開始，歷經衛生署副署長、中央健保局總經理、臺北市衛生局長、臺北市副市長、總統府副秘書長、衛生署長等要職，也曾在董氏基金會擔任執行長，不論他在那一個職位，都能克盡職守，勝任愉快。顯見他能力高強、舉重若輕。

　　不論一個人再怎麼能幹，總有退休的一天，王永慶先生親力親為到人生最後一天，張忠謀先生也到八十幾歲才離開工作崗位，但也有華爾街的金童辛苦到四十多歲，自認存夠了錢，就金盆洗手，開始享受人生。每個人的價值觀實在大不同，而每個人退休後要做什麼，也因人而異，有人含飴弄孫，有人繼續學習，有人開創事業第二春，但最令人羨慕的，還是能夠周遊列國，玩遍全世界。

　　金川兄就是我羨慕的榜樣，他和太太遊遍名山大澤，遠至阿拉斯加參加七天六夜的冰河獨木舟（kayak）之旅，那是意志與體力的極端挑戰，連年輕人都不敢輕易嘗試，何況已經退休的

人？他居然有勇氣克服挑戰，令人欽佩。我曾在小河裡嘗試划獨木舟，划了一個多鐘頭就覺得很累了，真不敢想像七天是什麼狀況，難怪去阿拉斯加的人，一千人只有一個完成獨木舟的考驗。我去過阿拉斯加，只在郵輪上欣賞偉大的冰河，連想都沒想過要自己划獨木舟。

同樣去到一個地方，體驗和感受卻很不一樣，跟金川兄相比，我就是一個走馬看花的人，他這本《退休，任性一點又何妨》書中所寫的育空和馬丘比丘，我都去過，但他在育空的漂流之旅和對天空之城的感受，讓我覺得自己好像白去了這些地方，應該照著書中的描述，再去一次才對。

退休之後海闊天空，既無後顧之憂，更能放開心胸，徜徉天地。一個人臨終之時，大概很少會後悔這輩子工作太少，但可能會遺憾很多地方沒去，所以不只是退休後可以任性，就算還沒退休，也可以偶爾任性一下。

陪我到天涯海角

葉金川

澳洲暢銷書作者布羅妮・韋爾（Bronnie Ware）曾在《The top five regrets of the dying》一書中提醒：「生命中的五大遺憾，第一個就是人們通常沒有勇氣去過自己想過的生活。」

這是一本寫給中、老年人看的書，寫的是在人生的下半場，你可以如何懷抱夢想、實現夢想。

「夢想」跟虛空的「幻想」不同的是，夢想是對每個人來說，具有獨特意義、也能讓生命更有價值，也讓此生了無遺憾的一個希望。

其實，我做的夢，很多後來都做不到；文章內許多我做的事，也並非每個人都能做到，就像「環遊世界」曾是多少人年輕時的夢想，但又有多少人真的做到呢？如果後來發現做不到，難道就不能懷抱夢想嗎？

尋找生命中的驚奇

不論你的夢想是如何偉大或看似卑微，最重要的是追夢人對

於「美好」事物，永遠懷抱著的那一份渴望，那才是人活著的價值。即便到生命的最後一秒，都一樣！

這是本旅遊書？不是啦！這是我跨越了六十歲後，被偶發的疾病和意外事故敲醒，才驚覺應該讓生命越活越精彩的歷程記錄。

我想告訴讀者，「圓夢」跟能力、金錢、夢想的大小無關，只要開始身體力行，為老後做規畫及準備，每個人的生命都能充滿色彩！老後不應該只是找事做，把日子、時間填滿而已，而是可以做一些永遠不會忘記的事，做一些特別的事，做一些自己有感的事。

老後應該是懷著夢想，去尋找生命中的驚奇，去享受生命中「最美好的時光」。

生平第一次住院

我是一個愛山的人，六十歲生日的前幾天，我完成了在臺灣「完登百岳」的夢想。在此之前，我的工作雖然非常忙碌，但仍把握機會親近我最愛的山林。

跨過了六十歲的五年內，我的人生有著很大的變化。首先，一向繁重的工作在此時減輕許多，讓我有更多閒暇可利用。接著，在我六十二歲的那年，有一次騎自行車跌倒，肩關節脫臼受傷住院，開了刀、半年後才拿掉骨釘，那是我生平第一次住院。第一次開始懷疑自己是否「已經變老了？」

退休，就是要做一些瘋狂的事

記得我六十三歲時，大學同學會主辦同學請我報告「退休，就是要做一些瘋狂的事」，我的瘋狂事是要達成八項自我挑戰，包括：

- **游泳**：挑戰非洲的維多利亞瀑布旁的「魔鬼游泳池」。
- **步道**：挑戰位於喜馬拉雅山脈的安納普娜基地營（ABC）步道。
- **古道**：拜訪祕魯的馬丘比丘印加古道。
- **獨木舟**：從花蓮七星潭划獨木舟到和平。
- **泛舟**：到阿拉斯加的育空河泛舟。
- **騎車**：騎自行車東西向或南北向穿越美國。
- **自駕**：自駕車橫貫美國的六十六號公路。
- **登上吉力馬扎羅山**：非洲的吉力馬扎羅山，是世界七頂峰中最容易登頂的山峰。

在六十歲之後，我的觸角從國內轉向海外，所以上述八項，只有獨木舟是國內的行程。這些願望後來不是每一項都達成，但多半完成了類似的行程。

彩虹中一抹不可或缺的色彩

當然讓我的生活日記更加豐富、更具有生命力的，是那個「陪」我走遍天涯海角的人——我的太太張媚。

太太陪我爬過紐西蘭的Tongariro高山，背景是美麗的翡翠湖及藍湖。

　　為了參與我在六十歲之前完登百岳的行程，她五十歲時開始享受登高山的樂趣。有一次準備帶她去登玉山，我建議她先練腳力，她在我們家後面山路，每天走五、六公里，練了一個多月，最後輕鬆登頂玉山。從此，路程不太危險的縱走、越嶺路線，她都會參加，目前完登了四十四座百岳山頭；至於我六十歲後走遍天涯海角，其實只愛爬山的她，不會騎車、不會游泳，也是全程陪到底。

我划船泛舟時，她穿救生衣跟著體驗；自行車之旅，她開車當我的隨身褓母；我去跳傘，她在地面當啦啦隊；就這樣，在我這幾年「最美好的時光」裡，她就是那彩虹中一抹不可或缺的色彩。

癌症給了我任性的特權

六十五歲生日的前半年，我被診斷罹患淋巴癌，幸好發現得早，當時只做了手術、放療、標靶治療，過程中我照常登山、騎車、游泳，也無太大副作用；但是這一次，我有了更深的感觸——「原來這些事真的會發生在我身上！」還不知道癌症是第幾期時，我心中要求老天爺的事是「請再給我五年時間吧！」後來知道是第二期，這願望偷偷改成十年。哈哈！別笑我，這是人性，換作是你，也會這樣做的。

就這樣，上天給了我一個任性的理由，從此，我可以無拘無束的與天涯海角為友，沒有人有理由反對或是阻止我。於是，就有了這本書裡的各個故事，大部分都是我這三、四年來發生的故事。

事實上，限於篇幅或是同質性太高，還有許多篇圓夢旅程已經完稿，但是未收錄進來。像是西澳伯斯和北澳達爾文的Long Stay、到紐西蘭皇后鎮挑戰高空跳傘，以及我攀登的最高峰——土耳其最高峰阿拉拉山（5137m），還有張媚登山的最高紀錄（5000m）——秘魯彩虹山等。

位於紐西蘭的陶波湖（Lake Taupo）是到紐西蘭一定要朝聖的地方。爬過電影魔戒拍攝的末日火山後，再走三小時，大約10公里路程，就可以到達美麗的陶波湖。

追夢需要一些「創意、勇氣跟能力」

這些經驗或刺激、或悠閒、或是文化之旅，有些是要挑戰體能的，也有上冰山、進沙漠的行程；我設計的自助旅行，對我來說常是超乎想像的，在這個年齡要完成這些，需要的是一些「創意、勇氣跟能力」。

除非是非洲或南美那種難以安排自助行的地區，否則我不太喜歡「上車睡覺、下車尿尿」的旅遊方式，我想體會當地人的

生活、過他們的日子，看他們的都市怎麼運作，搭他們的大眾運輸、去市場買菜，跟旅遊業以外的一般人聊天……。

我不算是個有錢人，這些旅遊顯然要花些錢，但與旅行團相比，總費用低了許多。我很少住飯店，只要能露營，我就露營，也常住背包客棧、青年旅館。我不喜歡臺灣濕冷的冬天，通常農曆新年前後會安排到澳紐Long stay，自己料理三餐，每天從住宿處出發，搭大眾交通工具上超市、博物館、圖書館，看、聽音樂劇，看當地最流行的運動──板球或是橄欖球（Rugby），當個真正的Aussie或是Kiwi！

所以，我追求的「瘋狂」或「好好玩一票」，並不只是追求高空跳傘、高空彈跳那種刺激（不過，這兩項我也去玩了），而是想藉著旅遊，去看看世界上還有多少在自己生活經驗中「超乎想像」的地方，體驗不一樣的生活方式！「超乎想像」是打破僵化思考最好的「瘋狂」方式。

不只是好玩，處處都是驚喜

其實，悠閒的Long Stay、在冰川中划獨木舟、在河中漂流多日、高空跳傘……是好玩，但對我來說，許多食衣住行中的小驚奇，也讓人感覺超乎想像。

像是在澳洲的沙漠，以大地為床、穹蒼為帳，躺在Swag（澳式的厚睡墊，可以拉上兩側蓋在睡袋上，沒有帳篷）看著滿天的

我送給自己的65歲生日禮物，是到紐西蘭挑戰高空跳傘，體驗生活中「超乎想像」的驚奇，給自己留下感動的回憶！

星星入睡；以及澳洲特殊的「露營旅行Camping tour」；在美加開著有廚衛的旅行車（RV）遊歷；在日本三千公尺山頂，住在不可思議的乾淨、豪華的山屋裡（其舒適度大勝臺灣山屋），一山走過一山，每一項都是奇特的體驗。

　　有一次，我跟太太因為好奇，搭乘了澳洲的灰狗巴士，在二十四小時的車程裡，車子換了三個司機、開了一千多公里。我

們原先很納悶巴士為什麼要開這麼久；後來發現它是載人兼載貨的巴士，司機叫我們在休息站休息，他去送貨。車上的乘客不是澳洲原住民、背包客、短途的當地生意人，就是像我們這樣誤入叢林的旅客。在車上，沒有電視、網路，有些原住民更是很隨興地自備枕頭、棉被，甚至還有年輕背包客直接拿睡袋睡在車子的地板上，看得我們目瞪口呆！

圖為澳洲特殊的旅遊方式，由巴士拖車帶著旅客及帳篷，到各地的國家公園露營旅行。

老後的生活要自由自在

　　根據英國倫敦政經學院的研究顯示，人一生最快樂的兩個年齡，竟是二十三歲跟六十九歲。今年我已經六十九歲了，現在的我，自己也覺得是最快樂的年齡！雖然身上有些小毛病，輕微白內障、鼻竇炎、高血壓……，但這些都不會影響我的生活，而現在的家庭、事業和健康的壓力最小，但快樂的元素，都可以在這

個階段匯聚在一起。

　　我去演講的時候，請年長者不要扶把手，試著從椅子上站起來，這個簡單的動作，卻有很多人做不到，有些人五十幾歲就做不到了。我在想，那他們要如何享受屬於自己的「最美好時光」？

退休後可以帶著自在放任的心情，到天涯海角自由翱翔。

　　快樂的老年生活最重要的不是錢，「體力、熱忱、生活規劃」才是重要的。另一項研究顯示，臺灣「老老照護」的照護者（指由年邁的配偶照護，不包括老年兒女看護更年邁的父母），年齡中位數是七十二歲。因此可以推估，當夫妻都大於七十二歲時，兩人的行動力都已經非常弱。

我現在已經六十九歲，跟六十七歲的太太還可以攜手同遊世界，太太說，這樣的日子依照統計只剩下五年。我很難想像許多人七十二歲就要開始終年在家照顧老伴，我認為臺灣社會應該將這個中位數努力延後到八十歲才比較合理。所以，我要提醒中年人，現代人的預期壽命越來越長，一定要及早在體能、生活跟理財的整體規劃上，早做思考及準備。

　　如果老後的生活想要活得自由自在，那麼現在就該著手規劃該如何「實現夢想、完成自我」，並且立即身體力行去做些改變。

尋找生命中的驚奇吧！

「環遊世界」曾是多少人年輕時的夢想，
但後來又有多少人真能做到？
如果後來發現做不到，難道就不能懷抱夢想嗎？

老後不應該只是找事做，把日子、時間填滿而已，
不管你現在幾歲，希望你都能有勇氣，
去過自己想要的生活，而非過著其他人期望的人生。
做一些讓自己感動的事，讓每一天都充滿期待吧！

親睹「棕熊捕鮭魚」
與熊共舞的知性之旅

你曾在旅遊頻道上欣賞過「棕熊捕捉鮭魚」的影片嗎？我們特意安排這趟非常不容易的卡特邁國家公園（Katmai National Park）之旅，就是為了親眼見証這世界上最特別的生態奇觀。

卡特邁國家公園的設立，原始立意是為了保護以及研究此處的活火山。1912年6月6日在這裡發生了一場20世紀最大的火山爆發，美國政府因而在1918年設立了卡特邁國家紀念區（1980年改設為國家公園），用來研究、保護這特殊的火山地形，但之後發現naknek河上游是鮭魚的故鄉，魚群也吸引棕熊長住這裡，棕熊和鮭魚反而成為公園最大的賣點。

在國家公園內待了六天五夜，我們近距離與棕熊相處，不僅滿足了當初的期待，也對火山地貌、鮭魚生態有了更多的了解，甚至可以說是大開眼界，是一趟永生難忘的生態之旅。

位在北阿拉斯加的卡特邁國家公園

整個阿拉斯加半島，到其延伸出來的阿留申群島，是一個活火山遍布的區域，它位在環太平洋火山帶（也稱Ring of Fire火環

帶）上，正是歐亞板塊及太平洋板塊的交界處，因為板塊相互擠壓而形成非常頻繁的火山活動。

　　卡特邁國家公園位在阿拉斯加半島的北部，在安克拉治西南方約450公里處，它的面積相當大，約有19122平方公里，是臺灣面積的52％，卡特邁國家公園的東邊是太平洋阿拉斯加灣，西邊是白令海布里斯托（Bristol）灣。它以早期最高的火山卡特邁（Katmai）來命名，園區內的活火山有14座，而在公園內部，除了卡特邁火山，旁邊十公里處就是1912年才新爆發的「諾瓦魯普塔火山」（Novarupta）。

水鳥常常等在熊的旁邊，等著吃大熊吃剩的鮭魚肉，甚至會迫不及待飛身去搶熊旁邊的魚肉。

國家公園內除了政府人員之外，並沒有居民居住。公園總部設在西邊的「國王鮭魚村（King Salmon）」，雖然是總部，卻位在國家公園的範圍以外，國王鮭魚村也只是個小村落，只有幾家民宿，餐館、雜貨店、加油站好像都只有一家。

能目睹「棕熊捕鮭魚」的「卡特邁國家公園」，與之後挑戰「海洋獨木舟」的「基奈峽灣國家公園」（內容請參見P.50～59）的相對位置。

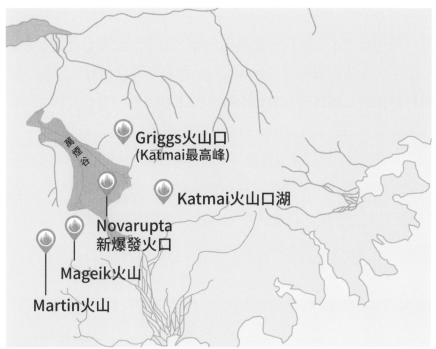

萬煙谷及其四周景點。下方為新爆發的諾瓦魯普塔火山（Novarupta），右方是卡特邁火山（Katmai），火山爆發後Katmai山頂塌陷成為很大的火山湖，其上方的Griggs火山變成最高峰。布魯克斯湖（Lake Brooks）、布魯克斯河（Brooks River）、瀑布、營地都在左上方湖邊。

20世紀最大的火山爆發

　　最早原住民是散居在卡特邁火山西北方不遠處，西元1912年6月初，因火山活動頻繁，居民擔憂火山爆發，開始向西側下游撤離，撤到現今的國王鮭魚村。有一位原住民因為回部落拿東西，較晚撤離，結果到了火山爆發之時，才被火山的灰塵追趕，從上游的納克內克湖不停地划獨木舟到達國王鮭魚村，他連續24小時未休息，用獨木舟的極速划了100多公里才終於逃生。

這場20世紀最大的火山爆發，讓原本最高的卡特邁火山塌陷，變得較矮，新形成的諾瓦魯普塔火山在其旁邊十公里處，當今園區內最高峰變成是Griggs火山。該次爆發還另外形成了一個終日被火山灰與熱氣籠罩的山谷，這山谷在火山爆發後幾年，仍有上萬個火山噴氣孔，因此被稱為「萬煙谷」。

　　1912年的火山爆發規模極大，形成的火山灰高達11立方公里，不過這事件卻被當年另一個歷史事件所掩蓋。鐵達尼號於當年4月沉沒，之後一段時間全球媒體都將焦點放在鐵達尼號，因而忽略了這二十世紀最驚天動地的火山爆發事件。

熊兒，我們來了！

　　卡特邁國家公園並沒有對外的鐵公路，唯一可以抵達的方式便是搭乘水上飛機。水上飛機從國王鮭魚村飛到卡特邁國家公

從國王鮭魚村搭乘水上飛機抵達布魯克斯營地旁的湖邊沙灘。

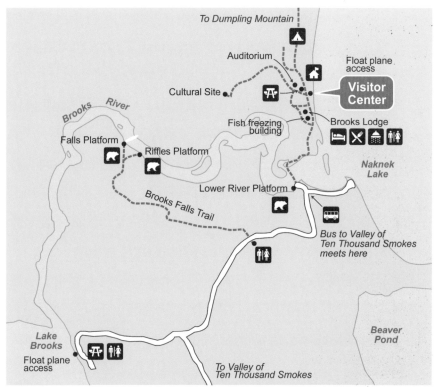

魯克斯河（Brooks River）、瀑布及附近景點位置。綠色是國家公園遊客中心及講堂，旁邊就是小木屋區，有餐廳、浴室、雜貨店，另有一個有電網（防棕熊靠近）的用餐區。露營區在上方約五百公尺處，可以再走上dumpling山觀景台。下方300公尺有橋，可渡過河，過了河就是河口觀熊平台，另兩個瀑布邊的觀熊平台，要再走一公里半到瀑布旁邊。圖右邊就是納克內克湖（Lake Naknek），左下方是布魯克斯湖（Lake Brooks）。

園，大約35英里，飛行時間20～30分鐘。從美國阿拉斯加州最大城安克拉治到國王鮭魚村，有國內線航班，但是2017年阿拉斯加航空宣布停飛這條線，現在應該只剩Katmai Air在飛。

因此最好一次把國內線跟水上飛機訂好，一人來回600多美金。而行李規定是一個人只能帶50磅（22公斤）的行李（包含隨

身行李），假如超重，會另外收取費用。國王鮭魚村的機場需要車子接駁至水上飛機的起降處，不過Katmai Air會在機場接人，送到水上飛機場。

　　卡特邁國家公園有小木屋，與Katmai Air水上飛機都是由Katmailand公司經營，不過由於小木屋數量不多，大約要一年前才預定的到，價錢也是天價。房間是根據入住人數收取不同的費用，一個人入住的價錢是615美元；兩個人住，每人384美元；三個人住，每人266美元；四個人住，每人208美元。簡單來說，就是一個木屋一晚要615～832美元，這價格是還沒加稅的。

　　我們規劃要在這住六天五夜，住小木屋恐怕每人要花上三萬多臺幣。所以另一個選擇就是在布魯克斯營地（Brooks Camp）露營。露營地是國家公園管理的，每人每晚要12美元，但是每天只有60個名額。國家公園會在每年第一個上班日（一月五號），阿拉斯加時間早上八點（美國西岸時間早上九點）開放預約，一般來說，開放的十多分鐘後，露營地名額就會被訂光。

▲河口觀熊平台，過了照片左方的橋就是平台，熊也會在河口和湖邊出沒，熊出沒時，為了安全，管理員會禁止遊客過橋，關上閘門，以便保護遊客。

▲Riffles觀熊平台離瀑布比較遠，但是有比較多小熊及熊家族出現。

知名的布魯克斯瀑布就在眼前，觀熊平台只能容納20、30人。人多時還要排隊進場、待在這時間要限制，早點去或晚點去，避開一日遊的人潮，就不會有那麼多人。

　　小木屋內的設備其實很簡單，裡面有四張上下舖的單人床，以及一間廁所。小木屋裡面禁止飲食，吃東西要在有電網（防棕熊靠近）的飲食區自炊或是到餐廳吃自助餐。木屋區就在國家公園遊客中心旁、有餐廳、服務櫃檯、雜貨店等。露營地離這五百公尺，比較偏遠，出入比較不方便，但也有電網保護。餐廳照三餐供應自助餐，也有酒吧，費用早餐17美元、中餐22美元、晚餐35美元。

▲瀑布正下方是抓鮭魚最好的位置，當鮭魚往上跳躍不成功的時候，棕熊混水摸魚，很輕鬆地便可以抓到鮭魚。

▲強壯的熊占據瀑布下方最好的位置，年輕沒經驗的熊占不到好地盤，只好到瀑布上方等飛躍的魚上門來。

與熊共舞的六天五夜

卡特邁國家公園號稱全球最大的棕熊保護區。據估計，整個國家公園的棕熊超過2000隻。布魯克斯河及瀑布區共有三個賞熊的平台，要前往觀看熊，在木屋住宿區不遠就有橋可以渡河，橋的對岸就是Lower River觀熊平台。兩岸都會有一名公園管理員觀看附近熊的動靜，如果有熊來到離橋50碼以內，便會禁止遊客通行，橋的兩頭都有閘門，當然平台也有閘門保護看熊的旅客。

之前，我以為熊站上瀑布用嘴抓魚的萌樣很帥氣，看似可以輕鬆等魚自投羅網，但經過公園管理員的解說，才知道原來站在瀑布上的熊是年輕、爭地盤失利的熊，反而瀑布下方才是好位子，成熟強壯的熊才能夠占盡地利之便。

一般來說，熊抓鮭魚的方式有四種：Stand and Wait（站著等）、Snorkeling（浮潛）、Diving（潛水）和Dash and Grab（前衝抓魚）。體型較大的熊待在瀑布正下方最好的位置，那裏有很

多瀑布水流產生的泡泡，像是按摩浴缸一般，當鮭魚往上跳躍不成功的時候，大熊混水摸魚，很輕鬆地便可以抓到鮭魚。

站在瀑布上的就是Stand and Wait（站著等）。熊必須在鮭魚往瀑布上跳躍的時候一口咬住，必須目不轉睛地盯著魚看，相當耗費體力，成功的機會也不高。

浮潛應該是最普遍的捕魚方式，眼睛在水下看魚，耳朵注意聽外界的聲音，避免危險。在水深的地方，棕熊不得已會用潛水的方式抓魚。至於前衝抓魚，看起來好像在逗鮭魚玩，我們只看到小熊有這種動作。

最強壯的熊占據瀑布下方最好的位置，並且只吃鮭魚最油最肥美的部位——魚皮、魚頭、油脂、內臟，而母熊帶著小熊的組合在下游也可見到，因為牠們攻擊力弱，只能在下游捉魚或撿拾上游吃剩的漂流魚肉來吃。另外，還有懂得「撿便宜」的水鳥，也常常等在瀑布的旁邊，等著吃大肥熊吃剩的鮭魚肉，也形成一幅有趣的畫面。

母熊帶著小熊在下游處捉魚，或撿拾上游吃剩的漂流魚肉來吃，母熊還要負擔警戒的任務，以免小熊受到攻擊。

成熟的棕熊一天約能吃掉18隻鮭魚，鮭魚季前後共約100天，一隻成熊在這三個月，平均會增加200公斤。

　　全世界大概只有這個地方的熊有這麼好的福氣，平均成熟的棕熊一天能吃掉18隻鮭魚，每隻魚大約5磅。在鮭魚季時，棕熊一天可以增胖2公斤，鮭魚季前後共約100天，一隻成熊在三個月內平均要增加200公斤，過了一個夏天，一隻隻都變成胖肥熊了！

路上會遇到熊，得學著與熊和平共處

　　熊是獨居的動物，地域性很強。據管理人員估計，布魯克斯營地附近的棕熊大概有40～50隻，有些是公熊，有些是母熊帶小熊，小熊在三歲以後就離開媽媽獨立生活。有趣的是，管理處會給每隻熊取名，也能認得出哪隻熊叫「傑克」、哪隻是「瑪莉」。

這裡的棕熊不是只能在觀景台上看到，雖然三個觀景台都有架高，讓熊不會接觸到人，但隨時都有機會在路上遇到熊，慶幸的是，這裡的鮭魚量夠多，足以讓熊兒每天吃得飽飽的，所以棕熊也懶得理會碰到的人類。

　　原則上，熊是怕人的，只要學會某些與熊共處的技巧，應該就可以避免讓牠們誤以為人類有攻擊性。就這樣，在布魯克斯河附近，人跟熊形成一種敬而遠之、互相尊重的共存關係，牠們早已習慣與人共處，不會影響到牠們的生活。

▲在布魯克斯露營區旁邊十公尺旁的湖岸邊,熊兄弟或熊姊妹正在互相打鬧嬉戲著。

▲闖入木屋區的熊兄弟或姊妹,管理員馬上出來用熊鈴驅趕牠們。

與棕熊不期而遇

　　住在這六天五夜,我發現與棕熊不期而遇的機會非常多。

　　露營區是選在湖邊一、二十公尺的平地,四周有電網保護。但是從營區走到木屋區,有500公尺是沿湖的樹林小徑,每天早晚熊都會沿湖邊走去河口,與我們的路平行,只差不到20公尺。有時牠們也會走到樹林小徑,我們只好讓路,走到海邊。走快一點想避開熊是沒用的,熊走路速度比人快,我們也不能跑,熊會誤以為你是獵物,而且人也跑不過熊,只有乖乖閃開讓路是最安全的。

　　兩次比較驚險的經驗是意外撞見熊,一次是去看原住民遺跡,遺跡是放在一座像博物館的展示木屋裡,離木屋區只有800

公尺,並沒有人在場管理。展示館入口要轉彎,解說牌也在轉彎之後。我太太停下來看解說牌,看了許久,結果一隻熊從後面轉彎逛了過來,結果兩者都大吃一驚,相差不到兩、三公尺,我太太往大門退離,熊則是驚慌地往後跑,原來熊也不預期會碰到人,牠也嚇著了。

另一次我們夫妻和另一位朋友同行,從瀑布回露營區的路上會經過1公里的樹林路,走啊走,後面來了一隻大胖熊,看起來跟我們同路,心想在50公尺外,應該免驚;但走啊走,感覺熊離我們越來越近,不到30公尺了,怎麼辦?讓路啊!我們就右彎到更小的路,糟糕,好像走到獸徑,走了10幾公尺,路況很不好走,熊如果跟進來,我們肯定走不過牠,手上只有登山杖,沒有哨子,沒有熊噴霧罐,有點憂心。還好,牠在路口看了看,可能在想:你們走錯路了,牠就繼續往前走開了。

鮭魚是天賜的黃金

在國家公園以西,白令海的Bristol Bay,這裡的鮭魚估計約有6000萬隻之多,漁業資源豐富,是阿拉斯加漁民最重要的收入來源。鮭魚成熟大概要三年以上,到了產卵季節,一定要游到淡水河末端河床上游產卵受精,所以每年七、八月有許多鮭魚會溯溪而上,來到納克內克湖(Lake Naknek)和布魯克斯湖(Lake Brooks)的位置產卵。

這些鮭魚要從納克內克鎮的河口，循著納克內克河，經過國王鮭魚村到納克內克湖，還有些魚兒游得更遠，來到更上游的布魯克斯湖，路程要100～200公里，別地區的鮭魚，像白令海的鮭魚往育空河上游產卵要游上1000公里以上。

　　每一條鮭魚平均可以產下4000個鮭魚卵，但其中的千分之九百九十九最後都會死亡或被當成人類、熊和水鳥的盤中飧，只有極少數最後能存活下來，成功地返鄉產卵，產卵後鮭魚也會精疲力竭而死去。

　　鮭魚有五種，分別是國王鮭魚、紅鮭、粉紅鮭、銀鮭、白鮭，體型以國王鮭魚最大，常見的一隻約70～80公分，這裡以紅鮭為主，長約40～50公分，白鮭體型最小，在阿拉斯加灣較多。在我們紮營的布魯克斯營地附近可以釣魚，但規定不能用挫魚方式釣魚，而且太小的魚必須放回，不能在這殺魚，因為怕腥味引來棕熊，而較大的魚可以帶回管理處，冰凍後再帶回家。

鮭魚成長為幼苗要100天，成熟要三年。這之間要度過層層危機，只有千分之一的機會能夠長大回家產卵受精。

特別安排四個整天，盡情看棕熊捕鮭魚

我們去國家公園管理中心登記時，說明我們預先登記要停留六天五夜。管理員「挖ㄠ」一聲。原來到這裡的旅客，通常待兩天一夜，也有當天從安克拉治一日遊的，三天兩夜的都是非常專業的攝影師。當然也有職業攝影師為了拍片，必須待更長的時間。

當天來回的套裝旅遊要800多美元，兩天一夜要1200美元，還要一年前就先訂好。想到花了大錢還要匆匆來去、走馬看花，這當然不是我們要的，所以我們安排在這待四個整天。想看熊，早上就去觀景平台，傍晚也去，從有熊，看到沒熊，從鮭魚成群，看到鮭魚累了不跳瀑布了，看過癮了，才離開回露營區。

露營區的營地很棒，水源充足、餐桌有雨棚、營火木材不用錢，儲藏室、洗手間、洗鍋碗槽都有。洗熱水澡要到木屋區，洗一次十分鐘要七美元。露營時，無聊就去爬山，Dumpling觀景平台就在後方，來回要三小時，納克內克湖、布魯克斯湖、布魯克斯河及河口歷歷在目，風景如畫。

萬煙谷一日遊

既然到此，一定要安排萬煙谷一日遊，Katmailand有安排專車接送旅客，連午餐要96美元。萬煙谷離露營地只有30公里，但是路很原始，要爬山涉水（要經過幾段乾河床，在沒有橋的情況

露營區四周有電網防熊，木材上方白色的桿子就是電網。餐桌、雨棚、營火圈及各樣設施一應俱全。

萬煙谷整片都是火山灰堆積而成的灰岩，積雪融化成為河流切割過灰岩，最深可以切割到200公尺。當年的火山噴氣孔都不見了，只剩下厚實的灰岩和壯觀的峽谷。

下渡河），所以接駁的巴士是四輪傳動的高輪胎車。國家公園還派一名管理員當解說員，大部分員工是約聘的，他們一年只需夏季連續工作四個月，應徵這工作算相當熱門，但是要忍受生活不方便、沒有居民、沒有商店、沒有娛樂的國家公園園區生活，都是一些天生熱愛大自然的人來應徵，並且享受這樣辛苦的戶外工作。

一生必遊的知性之旅

根據卡特邁國家公園的報告，一年造訪整個園區（不只是到看棕熊的布魯克斯瀑布區）的旅客大約是三萬人。如果從木屋床位和營地人數來估計，每天可以容納住宿人數不會超過120人，當然還要加上住在國王鮭魚村或安克拉治安排一日遊的旅客。至於納克內克湖邊，還有其他小型度假木屋，但那離看棕熊的瀑布區有點遠，是釣客的度假天堂。

鮭魚季一年只有兩個月是鮭魚返鄉的旺季，六月底到八月底，名額少、季節短、費用高，常會把旅客興致磨光，但這裡的確是一生必遊的地方，及早安排、做足功課、聰明選擇住宿方式和天數（如果你習慣也享受露營的樂趣，我建議來此進行五天四夜或四天三夜的露營行程），這會是一趟讓你永生難忘的知性之旅。

Dumpling觀景平台風景如畫，Naknek湖、Brooks湖、Brooks河及河口清晰可見。

海洋獨木舟的終極挑戰

　　之前，我在國家地理雜誌看到一個阿拉斯加旅遊廣告，一眼就被那照片深深的吸引。看看行程，那不是我想像的旅遊。不過，一座皚皚的雪白冰山將天空映襯地更加蔚藍。藍天、冰山與一葉扁舟，映入平靜無波的海水中，形成了上下對稱的影像，寬闊的天地間只會讓人感受一片平和寧靜的感覺。我用Photo College軟體把照片製作成了一張雜誌封面，給自己當生日禮物。冰河獨木舟旅遊，才是我真正醞釀許久的一個夢。

右圖是雜誌上的阿拉斯加商業旅遊廣告，右圖是我自己製作的雜誌封面，這假的封面還讓許多朋友以為是真的雜誌。

划海洋獨木舟和划平台獨木舟
困難度大不同

　　獨木舟活動很多樣，可以是輕鬆的在湖泊中划行，或是划到海洋裡釣魚、潛水；或是沿河、海岸航行；或是跨島冒險；也可以是划到激流水域享受冒險刺激；或是將帳棚、食物帶上獨木舟，在湖泊、河川或海洋中進行長時間的獨木舟旅行等。

　　一般來說，「獨木舟」可分成Kayak、Canoe兩種。Kayak是座艙式獨木舟，用單槳兩個槳葉、兩側輪流划水前進，起源於愛斯基摩人捕魚、交通用的動物皮艙船，因為當地氣候嚴寒，人坐在包覆的船艙內，可隔絕外界嚴寒的天候環境。

　　而Canoe源自印地安式獨木舟，是開放式船型，較適合內陸湖泊、河川旅行運輸。採用單槳單葉面划水前進，如果要換邊划，需要把槳葉換到船的另外一邊。

Kayak　　　　　　　　　　Canoe

「獨木舟」可分成Kayak、Canoe兩種。Kayak是座艙式獨木舟，用單槳兩個槳葉、兩側輪流划水前進；Canoe是開放式船型，採用單槳單葉面划水前進，如果要換邊划，需要把槳葉換到船的另外一邊。

還有一種平台獨木舟（Sit on top kayak）是現代人發明的，適用於需要即時取用、儲放器材的水上活動，如釣魚、獨木舟潛水等。

　　在大海中划Kayak必須配合季風、海浪、洋流、潮汐，也會面對不同的海浪，像是湧浪、捲浪、上下浪等，是有危險性的活動。

為了到冰河划獨木舟，在國內先苦練

　　一般人對划獨木舟的印象多半是到日月潭、鯉魚潭、石門水庫或是在海岸邊遊憩的平台獨木舟，不過划Kayak不一樣，它的船面是封閉式的座艙，只有一個或兩個座艙讓人入座。由於要面臨較大的危險，封閉式的設計能減少船艙進水，也會增加船身穩定性。船艙的空間有限，除了載人，還要載運物品，如果物品太多，要綁在船上，但前進時可能因此失去平衡。

我在花蓮工作時，有一艘封閉式座艙的海洋獨木舟（Kayak），但之前只在鯉魚潭練習。

　　我開始接觸獨木舟運動是在花蓮，慈濟的體育老師教我的。大部分時候都是在鯉魚潭練習，偶爾會去花蓮溪口、秀姑巒溪

去美國阿拉斯加挑戰冰河獨木舟前,我和太太到宜蘭烏岩角練習划雙人獨木舟,當天風浪有點大,上下岸要特別小心。

口練習。我不敢去海上划Kayak,這聽起來有點滑稽,主要是因為需要有隊友同行,自己一個人只能在平靜的河口、湖上玩玩。有次參加商業隊伍到花蓮的崇德外海學習,划的竟然是平台獨木舟,只能當作是鍛鍊划獨木舟需要的體能。

到冰河划獨木舟,跟在一般的海洋中划是不一樣的挑戰,最大的差別是氣溫和水溫。一般冰河夏天白天水溫大約十度左右,靠近冰山處海水可能更冷。如果掉落海中,可能撐不到十分鐘就會失溫;但若冰河位於峽灣內,海浪和洋流(會影響漲潮和退潮)比較容易把握。

阿拉斯加峽灣是太平洋的延伸,潮差非常大,一天有六公尺高的潮差,看懂潮差表是第一項功課。冰河獨木舟並不適合初學者,除非有高手同行,可以在翻船時即刻救援,否則有危險性。我有幸與幾位高手同行,才敢安排這種充滿挑戰的行程。

我太太不會游泳，一開始也不會划獨木舟，要努力克服怕水、怕浪等問題。不過，育空河白馬到Carmarks 370公里長程泛舟的經驗，改變了她對划船運動的莫名恐懼。出發前，我們也特別到宜蘭東澳烏岩角加強雙人獨木舟的操作技巧。

到冰河灣國家公園初試啼聲

2016年夏天，去育空河泛舟之後，從白馬到卡克羅斯（Carcross）搭White Pass（白雪隘口越嶺火車）到史凱威，再搭客輪（Ferry）到阿拉斯加首府朱諾（Juneau），再轉客輪到古斯塔夫（Gustavus）的冰河灣國家公園所在地。

▲交通船從遊客中心把我們送到晨露灣（Sundew Cove）營地，然後繼續載其他遊客進行冰河灣一日遊行程，我們用力揮手道別，並事先約定幾天後接我們回國家公園總部遊客中心。

▶千里迢迢，終於抵達冰川灣國家公園遊客服務中心。它位在古斯塔夫（Gustavus）旁邊的巴雷灣（Barlette Cove），國家公園設有露營區，離這裡不到三百公尺。

千分之一的探險遊客

冰河灣一年約有六十萬的旅客，且多集中在夏季，也就是說，夏季每天都有數千人搭大型郵輪或是觀光交通船來冰河觀光；像我們這樣划獨木舟自助旅行的，一年只有六百人左右，也就是只有千分之

我們在遊客中心所在地巴雷灣附近練習划海洋獨木舟一日遊，中午累了，就上岸休息享用午餐。

一是來划獨木舟探險的，算是非常獨特的旅遊玩法。

我們一行六人中，有幾位經驗豐富的好手，我和太太除了在遊客中心附近的巴雷灣（Barlett Cove）練習，就是在晨露灣（Sundew Cove）附近划獨木舟，並沒有划到冰河灣的主要航道最遠端約翰霍普金斯冰河（John Hopkins）去。

冰河灣的主要航道上，每天都有大型郵輪通過，造成的浪高一、兩公尺，對我們來說非常沒有安全感，所以就在營地附近試身手。另外幾位經驗豐富的同伴，則通過「西德摩爾」內灣和隱形河道（Scidmore Cut），往「約翰霍普金斯冰河」遠征去。

要去隱形河道先走西德摩爾內灣，不必走在主航道上，比較安全。不過，有一小段的河道窄、地勢又高，只有在漲潮時獨木

舟可以通過，每天只有兩次漲潮，每次可以通過的時間只有一、兩小時，必須事先算好划船時間和速度。

我們在兩個營地的七天，在煮三餐（必須在潮間帶，也就是要走到海邊才能煮食）、划船的過程中，看到不少極地動物，像是海獅、海豹、海獺、鯨魚等。另外，「熊出沒」也是我們要留意的事，我們都有帶防熊噴霧罐，而且遵守「煮飯要在潮間帶」的規定，我們沒遇到熊，真不知該高興，還是失望。不過，三位前進約翰霍普金斯冰河的，可是收穫滿滿，與熊周旋了好幾回合。不過，有了這次的初體驗，讓我們有了信心，隔年才敢安排挑戰基奈峽灣國家公園內的「艾爾立克灣（Aialik Bay）」。

在潮間帶看到一大片淡菜，這些淡菜太小，人不能吃，卻是水鳥的最愛，每一顆都被吃光光。

隔年挑戰到「基奈峽灣國家公園」划獨木舟

2017年夏天，我去卡特邁國家公園（Katmai）看熊之後，來到同樣位於阿拉斯加的基奈峽灣國家公園（Kenai Fjords National Park），這裡有美國最大的冰原——「哈定冰原」，這裡的緯度比冰川灣國家公園略北一些，所以在基奈也有不少極地動物，且我們露營的其中一晚，還看到北極光，真是意外的驚喜。

極光來的出乎意料之外，我們沒有準備好，沒拍到極光。這張圖是隊友王盛雄在育空拍到的極光。

壯麗的「出口冰河」

　　蘇沃德（Seward）是在阿拉斯加州安克拉治西南方兩百公里的小鎮，人口只有2800人。它是用以前美國國務卿威廉蘇沃德的名字來命名的（他向沙皇買下阿拉斯加，是美國歷史上的英雄人物）。此處是阿拉斯加重要的觀光小鎮，每年有三十萬人到訪。旅客主要是搭郵輪、觀光船來這遊冰川峽灣、賞鯨、看冰河。此外，來釣魚（大比目魚、鮭魚）、划獨木舟、進行水上活動的渡假村遊客也不少。

　　哈定冰原是美國最大的冰原，面積1812平方公里，有三十五條冰河入海或流到平地。其中只有「出口冰河」（exit glacier）是最容易到達的，它是哈定冰原第一個探險隊走出冰原時的出口，是遊客必去的景點，離蘇沃德只有十三公里遠，一日遊可以爬到冰原邊緣。

出口冰河（exit glacier）的登山口。出口冰河是哈定冰原最容易接近的冰河，遠處冰河上方平原就是哈定冰原的邊緣。

通過自救測驗
才能租Kayak獨木舟

在蘇沃德（Seward），我們向Miller Landing公司租Kayak獨木舟。公司規定非常嚴格，要先通過自救測驗才能租到獨木舟。自救測驗是要在翻船後，在水中先把船翻正，自行爬回船艙，把船艙積水抽光才算合格。我練習時爬回船艙太用力，船倒向另側又翻過去，前後三次才爬回去。只有自我解嘲，練習費用太貴，半天要80美金，多翻幾次才夠本。

基奈峽灣國家公園的遊客服務中心設在蘇沃德，從這裡到我們要划獨木舟的艾爾立克灣營地（Aialik Bay）有七十公里，搭當地人稱「水上計程車」（Water Taxi）的運輸船，車程約3小時，Water Taxi比觀光船小好多，但還是可以載十六個人和六艘獨木舟。

當我進行自救練習時，教練在旁邊仔細説明，當然也是為了保護客人。

水上計程車比觀光船要小很多，但還是可以載16人和6艘獨木舟。

就地取材搭建Yes營地
懂得露營，才能享受獨木舟活動的樂趣

　　艾爾立克灣營地附近八百公尺有小木屋，但我們七天六夜的行程只訂到兩夜小木屋，所以勢必要在附近選一個露營地，在室外搭帳篷過夜。營地要平坦、有水源、要面海、能避風，且地勢要高過漲潮的最高水位。大夥選了海邊樹林線之前的最高平地，一字排開搭好帳篷，水源是在後方二十公尺高的山澗水。

　　為了要煮飯燒水，隊友們用石頭搭了一個營火圈，也用樹幹

和帳篷外帳搭了個炊事帳。我們釘上葉氏營地（Yes Camp）的木牌，一個完整營地就此完成。南方三、四百公尺外有瀑布，白天可以沖澡。北方八百公尺就是小木屋，小木屋沒水，要回到這裡取水。小木屋再往北二、三百公尺，是一條溪口，沿溪往山邊走有一個小小潟湖，看起來湖面遠高過海面，可能要非常高的海潮時，海水才會灌進潟湖。

美中不足的是，營地靠近水源，濕地容易長蚊子，早晚都要戴防蚊帽、擦防蚊液，否則會被叮得滿頭包。

我們的營地和一字排開來的帳篷，獨木舟也要拉高停放，以免漲潮時被沖跑。

隊友們就地取材搭了個Yes（葉氏）營地，樹幹上搭了防雨的天篷，大夥沒事就是烤火、泡茶、煮飯，要懂得露營才能享受獨木舟活動的樂趣。

營地附近的潟湖。

前進最熱門的景點——Aialik冰河

　　艾爾立克冰河（Aialik）是艾爾立克灣最大的冰河，寬1300公尺，高70公尺，從哈定冰原下來冰舌有五公里長，冰河前緣不斷斷裂崩塌，到基奈峽灣（Kenai）看冰河最熱門的路線就是這一線。Miller Landing公司有安排從蘇沃德（Seward）到艾爾立克冰河（Aialik）當天來回的獨木舟遊冰河旅遊，費用四百美元，行程包含來回Water Taxi接送，加上約六小時的划獨木舟、午餐活動。

營地附近的潟湖早晨時煙霧裊裊，像是人間仙境。

我們的活動也包含Water Taxi來回接送，加上七天的獨木舟租用。只是多幾天，可以去不同的冰河旅遊，食宿自理，小木屋是國家公園自己經營的，網路登記繳費。

◀去冰河前先在岸邊練習划獨木舟，對岸的冰河看起來很近，實際上有九公里遠，划到艾爾立克冰河（Aialik）邊大概要兩小時以上。

▼隊友準備出發划獨木舟了，我先留守看家順便兼差當攝影大哥，坐上導演椅，白天氣溫二十度，喝瓶啤酒好不愜意。

划了一段獨木舟，眼見艾爾立克冰河（Aialik）就在前面，怕冰河崩塌引起大浪（浪高可能高達一公尺以上，非常危險），於是把船搬上岸，人再走到冰河邊，準備好好欣賞冰河。

照片中白藍色的冰，就是剛崩塌裂開過，顏色和上方有灰塵的冰顯然不同。

回程了，加速前進，不過到營地還要兩小時。

到帕德森冰河划獨木舟
小心別被困在潟湖中

　　帕德森冰河（Pederson）遠比艾爾立克冰河（Aialik）小，也
比較遠離海灣，大概有兩公里之遠，冰河不時會崩塌掉落，在冰
河和海灣之間形成一個潟湖，海水漲潮時獨木舟才能進入潟湖，
進入只能待兩小時，退潮前要趕快划出來，否則會陷在湖中，要
等十二小時後下一次漲潮才能脫身。

▲今天是我們的休息日，其他人都到對岸帕德森冰河（Pederson）和潟湖去了，我坐在岸邊，面對碧海藍天跟雪白色交織成的美景，感到心曠神怡。

▲在帕德森冰河（Pederson）上划獨木舟，河面漂流著許多浮冰，還可以看到許多海豹懶洋洋躺在浮冰上曬太陽。

艾爾立克灣公用小木屋

　　國家公園內設有幾個附有暖氣的小木屋，木屋間彼此有段距離，大約是划一整天的獨木舟可抵達，必須先上網預訂、付費。如果行程排得好，可以每天划一段路，住不同的小木屋。每間小木屋下層有餐桌、料理台，有暖氣，邊上是兩張上、下舖床，頂層是通舖，睡六個人沒問題，租金每天75美金。

　　木屋沒有水，要去幾百公尺外取溪水回來用。廁所是乾式無茅坑，提供排遺袋自己打包好，帶回蘇沃德（Seward）處理。

艾爾立克灣公用小木屋（Aialik Bay Public Use Cabin），木屋沒有水，要去幾百公尺外取溪水。

我們花了200多美金買了一張釣魚證、租了一根釣竿，結果共釣了4隻rock fish（躲在岩石間生長的魚），平均一隻魚花費一千多元台幣。租金有點高，但好玩就好。

在這營地，可以分別划到對岸的三個冰河，去拜訪每個冰河約需一整天，我們都是當天往返；也可以沿營地往北、往南拜訪不同的小海灣。南邊不到幾公里有一個公園管理站，但是管理員只是定期來巡視，不過這地點腹地廣大，林木扶疏，後方有一瀑布，風景宜人。

這海灣內沒有淡水河及河床，不適合鮭魚排卵成長。但是有岩石魚（rock fish，很像石斑）和比目魚，比目魚是底棲魚，所謂的rock fish 就是躲在岩石間生長的魚。隊友們試了很多次，好不容易在岩礁旁釣到幾條rock fish。

美夢成真

　　七天六夜的冰河獨木舟之旅結束後，大夥帶著依依不捨的心情搭接駁船回蘇沃德歸還設備。

　　在我的夢想清單中，一直不敢列入冰河獨木舟行程，直到確定出發前，才把到冰河划獨木舟這計畫列入。原本為了安全起見，有經驗的隊友規劃我們留守營地，只在附近划獨木舟，等他們沿海灣遠征其它冰河後，過幾天再回來與我們會合。不過，冰河的距離比我們想像的近，加上那幾天的天氣與海象出奇的穩定，於是我們也探訪了鄰近的冰河。

　　沒想到能夠美夢成真，順利完成我的獨木舟終極挑戰，真心地感謝所有同行的夥伴，一路上有幾位大、小寶作伴，才能有這一趟喜出望外、歡樂滿滿的奇幻旅程。

再會了，美麗的艾爾立克灣（Aialik Bay），這樣的美景還等著有心人來拜訪呢！

育空河漂流之旅

　　育空（Yukon）位於加拿大的西北方，是加拿大三大地區之一。根據2016年的人口普查，此地面積482,443 平方公里，是台灣的13倍大，但人口只有35,874人，其中25,085人居住於育空首府白馬市（Whitehorse）。

　　育空是以流經該地區的育空河來命名。依印地安語，育空意為「大河」，也就是說，育空地區是「育空河」的發源地和上游流域。

育空是加拿大的一個地區，西邊是美國阿拉斯加。育空人口只有三萬五千人，但是土地面積是台灣的十三倍大。

育空西邊是美國阿拉斯加州，東邊是加拿大西北地區，南臨英屬哥倫比亞，在歐洲人未踏足美洲之時，育空地區都是印第安人聚居。歐洲人是於十九世紀初才抵達育空地區。最初歐洲人來此進行皮毛貿易和傳教工作，人數有限。直到十九世紀末，淘金熱興起，大量歐裔人士西進，於育空地區定居。

看到「不去會死」遊記
決定遠征育空河泛舟

「育空河」（Yukon river）是條大河，全長約3700多公里，發源於加拿大BC省往北流去，但大部分流域在阿拉斯加，最後流入白令海。光在育空河上游附近，就是由白馬市搭車可到的範圍，就有四條河道可以泛舟，除了育空河外，還有三條育空河支流──Teslin、Big salmon和Pelly，都是泛舟的熱門路線。其中Teslin 算是最安全的路線，育空河算是第二簡單的。

日本自行車騎士兼旅遊作家石田裕輔，花了七年半的時間騎自行車環遊世界五大洲，經過87國，總共騎了九萬五千公里，大約繞了地球兩圈半。他將一路上的見聞寫成遊記「不去會死」。書中提到他騎到白馬

沒風時，Teslin河面平靜，河水緩緩潺潺向前流，兩旁是針葉林，能悠閒輕鬆的泛舟。

市，碰到一位朋友是泛舟教練，跟他描述育空河泛舟的樂趣，他毫不猶豫順利完成了旅程，也在書中談到他最難忘釣鮭魚果腹的過程。好友鄭仁亮是自行車迷，看了書以後，心動的是育空河泛舟，而不是不切實際的自行車環繞地球之旅，於是我們一群人就上路遠征育空河泛舟！

徜徉大自然，享受漂流過程

　　我的育空泛舟初體驗是2015年在Teslin河，位於白馬市的東邊，那是一條沒有流經湖泊的河道，因為沒有流經湖泊，水流大多穩定向前，是條比較好划，適合新手入門的路徑。

在育空河與Teslin河交會處，是一個良好的營地，魚群也特別多，釣魚是偷閒時的活動。

划Teslin河時，我把小國旗插在船頭，很漂亮。

▲育空河岸有時會有廢棄的小木屋營地，只要搭起天篷就能防雨。圖中藍色袋子是我們的防水背包，即使翻船，也會浮在水面，不會弄濕裡面的衣服及睡袋。

▲三個人划船就像圖示，第一個人要有力氣，像是船的引擎；而最後一人像是船的舵手，往左往右都靠他決定！如果舵手掌握得不好，船就可能像陀螺般打轉，久久難以前進。

▲划船沒有想像的困難，基本上是在河上漂流，河水有一定的速度，划船主要是控制船的方向，不必太用力划船。

▲Teslin河邊有些露營營地有簡單的桌椅可以休息。沿路的地形及紮營地，都有地圖可以索引。

63

船上的防熊桶能密封，可以裝食物，即便桶子翻船掉到河裡，因為裡面有空氣，桶子仍會浮在水面上。藍天白雲映在河面上，這幅天然的畫作真美！

難纏的Lake Laberge大湖

　　2015年第一次到育空，共花了七天在Teslin泛舟，划了三百七十公里，返家後，便把初體驗的感動寫在《最美好的時光：人生無憾過日子》一書裡；2016年第二次再去，則從白馬市附近河邊就下水，也是划七天、路程約三百公里，終點都在北邊的Carmacks小鎮。這兩次泛舟最大的差異是第二次的行程會經過一個名為Lake Laberge的大湖。

　　大湖比較難划，因為它不像河流，會高處往低處流，有水流的自然推力；因為湖水是靜止的，最多在有風時才出現波瀾，平

▲這次我帶了一面更大的國旗，插在同伴幫我製作的樹枝旗桿上，飄動的紅色國旗映著藍天白雲，真是太美了。

▲中午沒有太多時間煮食，就用瓦斯煮個湯，加上泡麵，每個人分一點，就先充饑了。泛舟一直在運動，中午不吃點熱的，哪有體力再划！

時都要靠自己的力量才能向前推進，逆風時根本沒辦法前進，船一再被浪推回，會比划河道吃力許多。

　　這裡的河道寬度，最窄的地方約一百公尺，最寬處約五百公尺。在幾天的划船過程中，四周的風景像電影片段一樣不斷變換，大多是森林與藍天碧水；河道寬廣處顯得壯闊，狹窄處則要小心湍急的水流與障礙物。在水流順的時候，不一定要動手划船，船擺在水道中央，它就會自己漂流前進，所以也有旅人稱呼這體驗為「育空漂流」。

這天泛舟時順著寬闊的水流，感覺很平穩，天氣又好，同伴們先靠緊船，任船隻漂流，便開始泡茶、聊天，享受美好時光！

同伴「蝌蚪」是釣魚高手，在育空河與Teslin河交口處，釣了20幾條北極魚。我們撿附近的乾柴烤魚，同伴「偉森」負責煎魚，我們的大廚「哈姆」在後面看，還沒出手呢！

我們將吃剩下的北極魚，曬成一夜乾！

同伴帶了大鍋子，煮了咖哩牛肉湯，沒想到荒郊野外還有這種好料吧！我們每天從早上九點划到下午四、五點，接下來就找營地紮營。每天划了一整天，肚子很餓，都希望早點吃到晚餐。

旅程中，就是要不斷地「看天臉色」，接觸到的都是未經人工雕琢的景物，大自然有時和顏悅色，有時像「春天後母面」，說變就變。這裡是棕熊、麋鹿的居住地，一路上看到的動物比人還多，有時一直划船難免無聊，當看到岸邊的動物就覺得特別驚喜！不知道牠們看到我們的感覺是怎麼樣？

再戰育空河，人多更有趣

第一次去Teslin泛舟，只有六人划兩艘船，第二次到育空流域，我們的陣容更大了，有十二人划五艘船，以互助性來說，這個人數剛好。

不論是在河道或湖裡划船，都會受到「風」的影響。只要逆風就可能做白工，花了很多力氣，才前進一點點；如果風從側邊來，浪也會從側邊來，風大的話，還怕會翻船；如果是順風，當然輕鬆。

這不是畫的，也沒有修過圖，夏天在育空泛舟，不時會看到這麼開闊、清澈、明亮的風光，令人心曠神怡。

　　我的泛舟心得是：第一，逆風時乾脆上岸休息；第二，下雨時辛苦又冷，也建議上岸休息；第三，盡量保持在河道中央，一定要提早看清楚前方的水流，不要被水流帶到岸邊或匯流處，不然船被水流沖往側分出的支流（當然最後都會匯回主流），要多花許多時間才能回到主要河道。

　　第二次挑戰已不是新手，更懂得享受過程中的樂趣。我們在這種沒有物資的地方，照樣喝茶、泡咖啡，還有釣魚，享受美景之外，吃喝一樣都不能少！

▲夏天的育空河，白天溫度約十幾度，這裡沒地方洗澡，但可以趁白天划完船身體還熱時，用河水洗澡或是擦澡，順便把衣服用河水洗一洗再曬乾。

▲在育空河泛舟，露營變成生活的重心，每天都住在不同的地方，有不同的感受和期待；撿柴、升火、煮飯的過程看似平凡，但在什麼物資都沒有的野地裡，大家一起分工，凡事要自己動手做，變得相當好玩。

Carmacks，我一定再回來！

　　原本八天的泛舟行程，後來都只用了七天，原因是食物不夠了，怕餓肚子，所以趕路到終點Carmacks，而且不是只有第二次泛舟食物不夠，第一次到Teslin泛舟也是一樣，所以如果有人也想到這裡來泛舟，一定要多準備一些食物，不要小看泛舟的運動量！

　　育空河漂流有好多天完全沉浸在山川河流的懷抱裡，感受天地萬物與自己貼近的感覺，這就是它的魅力。途中我們遇到一個獨行的日本人，和金髮碧眼的一對外國人，在這人跡罕至的特殊

到了終點Carmacks小鎮，拿起國旗用力揮舞慶祝。在營地一大片樹林裡，國旗照起來真的很漂亮！

地方相遇很稀奇，我心想，他們一定也有特殊的經歷和故事，可惜不熟，只能暗自好奇。

此趟泛舟行程的終點Carmacks露營地到了，營地的餐廳有冰淇淋、熱狗、漢堡、飲料，我們終於重返文明了！不過，還是看得出來，這是個人煙稀少的小鎮。

同樣是泛舟，划河、划海、划冰川的體驗是不一樣的，像我前一篇寫到去「基奈灣」跟「冰川灣」的冰川划獨木舟，那裡的溫度低、水溫更低，翻船是可怕的事，倘若附近沒有同伴及時救援，在水裡待久了會失溫，很危險（所以我都跟著高手同行）。不過，我發現在臺灣外海划獨木舟，難度更高，可能一下子就被洋流推到幾公里以外，若划不回海岸，命可能就沒了。

在育空河泛舟，我覺得有點類似在花蓮的秀姑巒溪泛舟，只是水勢沒有秀姑巒溪那麼激烈，育空河的水流溫和多了，只是路程很長就是了，所以稱為「漂流」是蠻適合的；這種漂流比較沒有太大的技巧性，上手不難，真的很適合喜歡大自然、想暫時遠離文明的朋友試試。

神祕的天空之城——馬丘比丘

西元1912年，在馬丘比丘（西班牙語：Machu Picchu）沉寂了400年後，才被世人揭開它神祕的面紗，並且一舉列為世界新七大奇景（Seven wonders of the world）之一。不過，「印加古道」才是吸引我千里迢迢來到南美洲，探訪這陌生國度的主因。當然，沒有馬丘比丘，印加古道就遜色一大半。沒有馬丘比丘，這古道也不會成為國家地理雜誌跟許多旅遊雜誌，一致推薦的世界最佳健行步道之一。

在我的「退休，就是要做一些瘋狂的事」清單中（詳見P.13），從印加古道走到馬丘比丘，是我想做的瘋狂事情之一。不過，相對於其他事，這算是比較正常的安排。

事實上，去過馬丘比丘的人大有人在，但其中只有6%的人是從印加古道走下來到此地。馬丘比丘叫作天空之城，步道要遠

比天空之城還高，才能「走下」來。這樣說就知道走古道並不容易，要平時有運動習慣、沒有高山症、能享受山林健行露營的樂趣，才能接受這樣的挑戰。

南美洲的印第安人帝國——印加帝國

印加帝國是11世紀至16世紀時位於南美洲的古老帝國，印加帝國的政治、軍事和文化中心位於今日秘魯的庫斯科（Cuzco）。印加人的祖先生活在秘魯的高原地區，後來遷徙到庫斯科，建立了庫斯科王國。這王國逐漸強大，在1438年擴張發展為印加帝國。

印加帝國的重心區域分布在南美洲的安地斯山脈上，印加帝國版圖龐大，最強盛時期，範圍幾乎涵蓋了整個南美洲西部（地跨秘魯、厄瓜多、哥倫比亞、玻利維亞、智利、阿根廷），是一個幅員遼闊的南美洲印第安人帝國。

印加路網

印加路網是南美洲白人到來前，覆蓋最廣、最先進的道路交通運輸系統。東線的印加道路「Camino Real」全長5200公里，穿越安第斯山，海拔最高超過5000米。西岸海邊的道路「El Camino de la Costa」全長4000公里，與海岸平行修造。兩條平行幹道之間，有20幾條東西向的聯絡道路接通，道路網絡匯集在庫斯科。

另外特別的是，有一條小路通往馬丘比丘，稱為馬丘比丘小徑。

印加路網總長有四萬公里，聯繫整個印加帝國領土。由於路網受到現代城市、交通、農業各項基礎建設的影響，許多都被破壞殆盡。現在只剩25%仍然可見，聯合國教科文組織（UNISCO）一直都和相關國家合作，努力保留這些無價的古蹟。

印加皇族的莊園

馬丘比丘小徑遠離主要的路網，因為馬丘比丘不是一般的村落，它是印加皇族的莊園，離庫斯科有130公里之遠，住的是印加皇族和幾百個僕人。它位在高2300～2400公尺間的山上，無法自給自足，需要從庫斯科及其他地區取得物資，這裡沒有發現倉儲設施，證明了這一推論，該地區的農業設施顯然也不夠多，不足以支持眾多僕人居住。

現在遊客們所走的印加古道，其實只是馬丘比丘小徑的一小段。最常見的健走路線是四天三夜的行程，這段總長43公里的越嶺步道，每天限200位旅客，400位工作人員進入，登山口在庫斯科到熱水鎮火車道上，終點在馬丘比丘。

失落的印加城市

西元1911年，Hiram Bingham於尋找傳說中「消失的黃金城」途中，意外地發現馬丘比丘遺跡。當時他們是在馬丘比丘附

近，遇到一個原住民家庭，並接受他們的款待。這個原住民告訴他們附近有一個遺跡，請小孩子帶他們去看，這座遺跡就是後來聞名全世界的馬丘比丘。「失落的印加城市」是他介紹這古城第一本書的書名，馬丘比丘的神祕面紗才得以讓世人逐漸知悉。

　　要拜訪這座位於高山上的「天空之城」，大部分旅客是由庫斯科（Cuzco）搭火車到熱水鎮（Aguas Calientes），再搭巴士上山，巴士車程只要25分鐘。入園區要購票，每天限制3000人，一般人只在園區停留3、4小時左右。山上只有一家在園區門口的五星旅館Belmond Sanctuary Lodge，每晚房價要700美金以上，園區內不准飲食，因此下午就必須搭巴士下山去熱水鎮用餐、住宿。

登山健行步道

　　印加古道的登山口標高2750公尺，第一天先緩坡往下，再往上爬，第一夜在2950公尺高的小村落Huyallabamba紮營住宿。第二天要爬坡越過4200公尺高的隘口Dead women pass，再下坡到3350公尺的

印加古道路上的解說圖，詳細註明每個地點的海拔高度、每日行程、三天晚上的住宿地點。

Pacanayo營地住宿，這營地在山坳，三面是高山，風景非常美麗。第三天再爬高，通過Runkuracay隘口3975公尺，下到2550公尺的Winay Wayna紮營。第四天必須一大早起床，挑夫要從另外一條路下山趕最早班的火車回家，我們則走山脊旁邊小路緩緩爬升到「太陽門」。太陽門高2700公尺，馬丘比丘2400公尺，就近在腳下了。

　　當然也有更短或更長的步道可以到達馬丘比丘，有兩天一夜，從中段切上來的，也有更長時間的Salkantay步道，至少要五天四夜以上。這些步道參加人數相對就比較少了

登山嚮導與挑夫

　　我們這趟行程隊員共12人，包括臺灣來的9位，有3位外國人併團跟我們一起。至於工作人員，包括嚮導、廚師與挑夫共24人。嚮導要會講英文（有趣的是，一路上沒有碰到講西班牙話的旅客團隊）、對印加文化歷史有一定的認識，當然要取得國家的嚮導執照。

▲藍色或綠色旅行袋是旅行社提供的袋子，放睡袋、厚衣物、盥洗用具、私人用品等，每個袋子內的行李不能超過7公斤。

▲挑夫每人背30、40公斤以上的物品，除了隊員託運的行李外，還有睡覺的帳篷、睡墊、廚房帳篷、瓦斯桶、烹煮工具、碗盤餐具、餐廳帳篷、餐桌椅、食物、洗臉盆等，看起來像是在搬家。

▼這是睡覺帳篷，每兩人住一個帳篷。空地上有看到洗臉盆，到達定點和清晨起床，工作人員都會送上一盆熱水讓隊員洗手、洗臉。

不要以為這是睡覺帳篷，是餐廳，內有桌椅、餐、餐盤、刀叉，一應俱，而且是移動式的餐廳，跟著我們搬到午餐和住宿點，以便供應三餐。

　　廚師要不要執照我沒問，但要能煮出適合外國人的食物是一定要的。有一天，廚師炒了一盤炒飯，結果被我們吃光光，他說沒有任何一個隊伍曾把他的炒飯吃光過。

　　挑夫通常是兼職的，需要排班，等嚮導來分派工作。他們主要是來賺小費的，收入約是每人一天10美元（也可能不到，是換算得到的金額），四天行程，可獲得40美元，比他們的經常收入高很多。挑夫在行程中的一個晚上有自我介紹，年紀在16到60歲之間，年輕的都在學英文，他們最美的夢就是希望能考上嚮導執照。

　　每一個隊員可以委託挑夫背7公斤的行李，譬如睡袋、厚衣物、盥洗用具、私人用品等晚上才需要的物品，這些行李會裝在挑夫提供的行李袋內，每天晚上再還給隊員。隊員則是輕裝，自己背小背包，帶雨衣、夾克、手杖、相機、飲用水和乾糧。

神奇的古柯葉

嚮導一路上都在吃古柯葉，他也要我們吃，其實它不能咬、不能吞，只能含著。為什麼要吃古柯葉，答案是要預防高山症，一路上會經過4200公尺的隘口，也會在高海拔山地走上一段時間。

庫斯科的旅館大廳就有古柯葉，這在高原山城是合法的。

古柯葉只有在山區合法，在都市和平地都是違法的。為了參加這行程，我們先在庫斯科住宿，這裡海拔是3400公尺，旅館大廳就有一大盤古柯葉，也用古柯葉泡茶。到庫斯科的前兩天，劇烈運動時，頭都感覺暈暈的，也會喘，但在3400公尺的市區高度適應了兩天，好像大家都沒高山症反應了。

▲印加古道登山口檢查站，每天限制200位登山客、400位工作人員進入，會嚴格核對每一位隊員的身分護照。我報名時的護照號碼和換新晶片的護照號碼不一樣，還好領隊的手機裡存有帶舊護照的照片，花了一個小時溝通，才順利通關。

▲上路了，夥伴們都著輕裝，只帶手杖、雨衣、外套、相機、飲料和乾糧等隨身物品。

在3975公尺的高地，我們整理了一個石堆，做為祈福用，祈求這趟行程順利平安。

老鷹之歌

嚮導用手機播放大家熟悉的「老鷹之歌」，並要大家閉上眼睛冥想，想像自己像老鷹一般自由遨翔，飛到世界上每一個想去的角落。

老鷹之歌（El Condor Pasa）是秘魯的民俗音樂家Daniel Alomia Robles的作品，他受邀為民謠說唱劇Zarzuela寫曲。歌曲原意是鼓勵秘魯工人反抗外來的剝削者，要像神鷹般自在翱翔，透露著秘魯子民緬懷昔日印加帝國光彩的心意。後來，保羅賽門（Paul Simon）改寫這首曲子，讓這首改編自秘魯民謠的「老鷹之歌」成為全世界家喻戶曉的流行歌曲。

在秘魯熱水鎮有著「老鷹、美洲豹和蛇」的雕像，分別代表著天堂、人間與大地。

老鷹、美洲豹與蛇

為什麼印加人要歌頌老鷹？原來印加人相信，有三種動物分別象徵著天堂、人間及大地。老鷹Condor飛翔於空中，代表著未來，也是人間與天堂間的使者，美洲豹Puma代表著人間，也代表現在，蛇則因為常躲在地洞內，而代表著大地Mother Earth，也代表過去。

▲古道上，可以看到完整的印加遺跡，放牧的駝馬也到處可見。

▲終於抵達馬丘比丘，在這裡正式結束43公里的四天三夜步道之旅。

這雄偉的石階,竟然只是個農用的梯田。前方可以看到馬丘比丘山,馬丘比丘城就在山的後面。明天一早沿著山脊向山腰走去,經過太陽門,往下走就到了馬丘比丘,旁邊山下就是烏魯班巴河谷,熱水鎮就建在這河谷兩邊。

古道上處處是遺跡

　　秘魯古道上處處可以看到遺跡,一方面這裡人煙罕至,一方面是石頭的堆疊技術,沒有人為破壞,也罕見自然崩塌,能呈現五、六百年前的古印加鄉間風貌。

來到太陽門,馬丘比丘就在眼前

　　第四天早上,我們走了兩個小時,終於來到「太陽門」。第一眼看到馬丘比丘,有種莫名的感動,期望許久的神祕失落之城——馬丘比丘就在眼前。

走了四天才到達「太陽門」，加上這天早上四點就起床，人也累了，很想在這坐下來，好好欣賞腳下這片美麗的天空之城。「太陽門」這地名的由來是12月22日南半球夏至，太陽會在正東方升起，穿過這裡的大石門，照到太陽神廟內的石頭。

　　太陽神廟〈Templeof the Sun〉的牆壁工法非常細膩，石縫間幾乎沒有空隙，是一個觀象臺，南半球冬至是6月21日，太陽會通過梯形窗口直射神廟中的花崗岩正中心。

　　印加人認為不該從大地上切削石料，因此從周圍各地尋找石塊來建造城市。一些石頭建築連灰泥都沒有使用，完全靠精確的切割堆砌來完成，修成的牆上石塊間的縫隙還不到1毫米寬。

馬丘比丘最經典的照相地點，整個園區和瓦納比丘山頭都可以入鏡。馬丘比丘背後的山叫「瓦納比丘」，意思是新的山，相對於古老的馬丘比丘山。其輪廓代表着印加人仰望天空的臉，而山的最高峰「瓦納比丘」就是他的鼻子。瓦納比丘左邊的三座小山（最高的叫Huchuypicchu）則像一隻老鷹展翅飛翔。

馬丘比丘由三個部分組成：神聖區（祭拜儀式）、通俗區（僕人住所），和貴族區（居住區）。整個遺蹟由約140個建築物組成，還建有超過100處階梯，都是一整塊巨大的花崗岩鑿成。還有大量的水池，由石頭穿鑿而成的溝渠和下水道聯繫，通往原先的灌溉系統。

在神聖區裡獻給最偉大的太陽神「因蒂」的「拴日石」、「太陽神廟」和「三窗之屋」是主要的印加文化寶藏。

滿懷喜悅結束了印加古道四天三夜及瓦納比丘一日登山遊，秘魯之行當然還有其他行程，以下分享幾個印象較深刻的。

老鷹石形狀像一隻張開翅膀的神鷹，神鷹廟就蓋在巨石的上面。

▲太陽門可以俯視整個馬丘比丘，在這往下看無比壯觀。下方之字形道路，是現代人開發的公路，好讓住熱水鎮的旅客搭巴士上山。

▲從瓦納比丘山頂看馬丘比丘和後頭的馬丘比丘山，太陽門在左邊稜線的鞍部（凹下的最低點），南半球夏至時（12月22日）太陽從這山凹升起，照進太陽神廟東向的窗戶。

庫斯科山上的要塞

「薩克塞華曼」（西班牙語：Sacsayhuamán）是印加帝國的軍事要塞，1536年印加帝國就在此處，與西班牙侵略者爆發激烈戰役。這裡離庫斯科只有2公里，海拔3701公尺，從要塞可以俯瞰整個庫斯科市區（海拔3300到3400公尺）。

和其他印加石牆建築一樣，石頭並非當地山頭開採而來，這要塞如何建成是個謎，其中最重的石塊甚至重達360噸。其石頭堆疊的多樣形狀，以及牆體向內傾斜，使得遺址在庫斯科地震中得以倖存。

薩克塞華曼的廣場和巨石堆疊的石牆。

如今，薩克塞華曼成為庫斯科市區旅遊及秘魯節慶的重要地點。當地人會按照印加帝國的傳統習俗，重現昔日印加人祭祀太陽神的情形。另外，還會舉行稱為「瓦拉庫」（Huaracu）的成人禮。此項典禮原是古代印加王考察王子的典

印加帝國被西班牙征服後，薩克塞華曼的巨型石磚被移去用於其他建設，尤其在1940年代，由於當地政府鼓勵進行新建設，對薩克塞華曼造成非常嚴重的破壞。目前，只能看到原址的五分之一。

禮，現今則由庫斯科的中小學生參與表演。

庫斯科市區

　　庫斯科（Cuzco）於十二世紀起就是印加帝國的首都，直到十五世紀中葉西班牙人遷都利馬。庫斯科市區內的古蹟俯拾皆是，雖經過兩次大地震，及西班牙人殖民時期的破壞，許多古蹟仍毅立不搖，令人驚嘆古印加帝國高度的文明及高超的建築技術。

　　庫斯科市區內景點很多，包括歷史博物館、宗教美術館、地方現代美術館、太陽神廟考古博物館、聖卡塔麗娜修女院、大教堂等。

　　兵器廣場（Plaza de Armas）是庫斯科的市中心，許多殖民時期的重要建築都在附近。正中心是一個大公園，是市民及觀光

兵器廣場就是庫斯科的市中心，許多活動在這舉行。造訪當天，廣場有幼稚園的舞蹈表演，這群小孩疊成駱馬的樣子表演舞蹈，很可愛，廣場旁邊就是教堂。

客最喜歡聚集閒坐的休閒場所。大教堂建於1559年，是庫斯科最主要的教堂，此教堂花了近一個世紀才完成，是西班牙殖民時期的代表建築，內部陳列可觀的庫斯科畫作。

彩虹山──意外的收穫

原本排定去神聖谷（Sacred Valley），卻碰到當地司機罷工，就算我們有車有司機（庫斯科沒罷工）也進不去。領隊跟嚮導商量後，改為登彩虹山。

彩虹山在庫斯科南方車程三小時，是安地斯山脈一個名不見經傳的山頭。山頂5200公尺，但附近山脈有很多6000公尺的高峰，我們的目標是5000公尺的鞍部。到這往後看，剛好露出五彩裸岩，像極了彩虹。

登山口約在4300公尺，約走三小時可以登上鞍部。9位隊員中有4位隊員來此體驗了生平最高峰，包括我太太也是。幸運的是，當天天氣很好，沒有任何人有高山症反應。可能是已經在

3400公尺高的庫斯科高度適應了好幾天，也可能是天氣好、濕度低又不冷，又是當天上下山，不在這夜宿，可以說是一趟意外的驚豔之旅。

從鞍部看彩虹山，這地點海拔五千公尺。

早上登山口是白雪皚皚，嚮導和工作人員準備好了早餐，他們帶了桌椅、餐巾、刀叉，準備了各樣食物。事實上，他們還帶了一個餐廳帳篷，以備不時之需，下午三點又回到這裡享用下午茶。

遙遠的國度

　　從臺北到庫斯科，要在洛杉磯、利馬轉機兩次，單單搭飛機的行程就要30小時，當地的航空公司服務水準也讓人不敢恭維，跟所有南美行程一樣讓人望而卻步。

　　若要出國，我通常安排自助旅行，就像背包客般自由自在的旅遊，但這在日、韓、美、加、澳、紐或中南歐等先進國家比較可行，這裡是秘魯，當地有太多不確定的狀況，但被印加古道、馬丘比丘的美景吸引，才安排了這一趟漫長艱辛，卻收穫滿滿的朝聖之旅。

　　會不會向親朋好友建議這行程？答案不是那麼肯定，要看當事人的目的，要親眼見證世界新七大奇蹟之一、世界十條最佳步道之一，是需要充分的心理、體力和財務準備的。

勇闖東亞三山

　　對一般人而言，極限運動是有危險的，一不小心可能會喪命。全世界總共有14座8000公尺以上的高峰，位於中國、尼泊爾、巴基斯坦、印度等四個國家境內。全世界總共有33位勇士完成14峰登頂的壯舉，他們都是專業的好手，所花費的時間跟金錢是一般人無法想像的。

　　珠穆朗瑪峰是大家常說的聖母峰，也是喜馬拉雅山脈的主峰，海拔8848公尺，是全世界第一高峰。對登山者而言，攀登這座全世界最高的山峰是一項非常艱鉅的挑戰，即使過程充滿危險與艱辛，還是有不少勇士前仆後繼的湧入。因此，珠穆朗瑪峰反而成為最多人攻頂的高峰，大約有3000、4000人曾達成這個夢想。

極限挑戰者的夢想──攀登世界七頂峰

　　世界七大洲的最高峰稱為「七頂峰」。七頂峰如同地球各洲的屋脊一般，對許多愛好極限挑戰的登山者來說，征服這七座高峰是人生中最大的夢想。臺灣約有10幾個人曾經登上聖母峰，而臺灣完攀七頂峰的人就我所知的，只有3、4人。

我曾帶著一群「老弱婦孺」登富士山，清晨六點大家在五合目登山口集合，準備攻頂。

　　七頂峰有幾個是極限運動者挑戰的目標，像是亞洲的珠穆朗瑪峰（Mt.Everest，標高8844公尺），北美洲的麥肯尼峰（Mt.McKinley，標高6194公尺），南美洲的阿空加瓜峰（Mt.Arauca，標高6962公尺）。

　　相對的，非洲的吉力馬札羅峰（Mt.Kilimanjaro，標高5893公尺）和歐洲的厄爾布魯士峰（Mt.Caucasus，標高5642公尺）比較容易些，一般臺灣百岳的愛好者也想嘗試登頂。至於大洋洲的卡茲登茲峰（Mt.Carstensz，標高4884公尺）

　　南極洲的文森峰 （Mt.Vinson-Massif，標高4892公尺），雖然海拔不高，但是困難度非常高。

　　一般人以為要完成七頂峰的壯舉，需要的是異於常人的體

力及耐力，其實除了這些之外，鉅額的花費也不是普通人能負擔的。據我所知，郭與鎮完攀七頂峰所花費的金錢大約是2000萬元。

完成百岳也極富挑戰性

除了七頂峰之外，臺灣的百岳也是極富挑戰性的，我從20歲一路爬到60歲，花了40年的時間才終於看盡臺灣高山之美。到底有多少人曾完攀百岳，其實沒有詳細的統計，相關資料顯示拿到百岳證書的有500多人，不過還有些人像我一樣只是好玩，沒有特地去申請證書。

和七大洲的七頂峰相比，百岳都在臺灣境內，費用相對少了許多，但同樣也是有時間、有體力才能負擔的活動。相對的，東亞三山（「臺灣玉山」、「日本富士山」及「馬來西亞的神山」）屬於壯遊級的活動，是比較有挑戰性的旅遊，既不用花太多錢，也沒有危險性。

日本人一生都想朝聖一次的富士山

富士山海拔3776公尺，是東亞三山中最低的。富士山被列為世界文化遺產，可見它對日本而言具有神聖的意義。日本人一輩子一定要爬一次富士山，一定要去山頂看一次日出，親身感受所謂的「御來光」。

富士山每年只開放7、8月讓遊客攀登，因為此時雪已經溶化了，9月雪季一到，當地政府又會封山。根據統計，富士山每年登山人數約30～50萬人，但只開放二個月，算一算，每天約上萬人登頂。富士山是一座獨立的火山，攻頂的路線有四條，平均下來每條登山路上每天至少有2000、3000人，遊客可說是絡繹不絕，尤其是其中二條較熱門的路，真的是人擠人。

2012年我組了一個團去爬富士山，團裡有小孩、有老人，因此我笑稱是「老弱婦孺團」。我們團裡最年長的是我大哥，他當時75歲，年紀最小的是10歲的小孩小魚兒，從成員年齡就可以看出，爬富士山是低難度的行程。

富士山沿途有幾十間山莊，日本人通常會先在山莊住一晚，半夜兩三點再出發至山頂看日出。雖然可供住宿的山莊不少，但想攻頂的遊客實在太多了，幾乎每間山莊都擠得滿滿的。山莊通常是多人一室的大通舖，每個人分配到的床位只有小小一格，加上大家半夜起床的時間都不一樣，一定會互相干擾，根本沒辦法

七合目的御來光山莊，標高2780公尺，事實上，一路上都是山莊，飲料、餐點一應俱全，只是有點貴，連上廁所也要付200日圓。

團員中最小的十歲小朋友，因為沒睡飽不肯登富士山，我決定先留下來陪她。等到團員有人攻頂下山，來接手照顧後，再換我上山。

好好休息。因此，我們決定不住山莊，清晨直接從五合目的登山口出發，當天來回。

　　五合目海拔約2400公尺，距離山頂約1300多公尺的高度，一般人正常速度約6小時可攻頂。我們原本打算清晨六點出發，預計中午前就能到達山頂，停留1小時左右再下山，回到五合目停車場的時間差不多五點左右。

　　雖然團裡很多老弱婦孺，我心想反正能走就走，真的走不下去時，就回頭下山。不過，小孩因為前一晚太興奮沒睡好，走了不久實在太睏了，說什麼都不願意上山。因此，我只好讓其他團員們先走，我找了間山莊陪她，等到團員裡有人攻頂下山，來接手照顧後，再換我上山。

我在御來光山莊裡一邊看書，一邊等團員們下山，第一個山友回來時大約是下午一點左右。我趕快把背包交給他，身上只留下一些錢，並囑咐若團員到齊後請先回住宿的飯店，我預計晚上七點以前回到五合目登山口，再搭五合目七點發車的公車到市區旅館跟大家會合。當時我的體力還不錯，幾乎是半跑半走的登上富士山，中途完全沒休息，大約下午四點就登頂了。

▲登富士山一路走在硬的火山石上，不像踏鬆　▲富士山頂的神社是觀光的一大重點。
軟泥土路那麼好走。

富士山頂有神社、郵局，遊客通常會在此拍照或寄明信片給親友們。此時我開始感到飢腸轆轆，這才想起還沒吃中飯。富士山沿途販售的補給品價格，是隨著海拔高度而變化，例如一瓶啤酒在六合目售價是500日圓，到了七合目就變成600日圓，一直到最頂端的十合目就要800日圓了！

我在山頂買了二瓶飲料，一瓶是500日圓，真是要價不菲啊。補充完體力後，我又一路跑回登山口，因為戴著粗麻布手套，可以拉著繩索前進，下山速度還滿快的，回到五合目登山口

的時間大約是晚上六點半左右。沒想到在停車場遇到我們的導遊，我訝異的問：「你們怎麼還在這裡啊？」原來，有些團員們腳程比較慢，才剛下來不久。

富士山是座活火山，路上全是火山石，唯一的差別只有大、小顆火山石之分，沿途景色滿單調的。石頭路不像泥土路那麼鬆軟，走起來蠻不舒服的，而日本人引以為傲的御來光，太陽是從

海面升起，其實也沒有臺灣高山的日出漂亮。不過對於喜歡登山朝聖的人來說，還是建議一輩子可以來爬一次富士山。

富士山頂有郵局、三角點，遊客通常會在此拍照或寄明信片給親友們。

陪前總統馬英九登玉山圓夢

玉山是臺灣五岳之首，我第一次攻頂是大二時，當時還未出現「百岳」這名詞。我參加臺大登山社，因此很早就爬過玉山及秀姑巒山，之後爬百岳時也常經過

前總統馬英九登玉山時，沿途遇到很多熱情民眾要求合影，在排雲山莊巧遇「臺中浩天宮」的信眾們，背著媽祖等神像攻頂，很有意思。

這二座山。此外，我也常帶隊爬百岳，例如我太太就爬過七、八次玉山，我兒子也有二次攻頂的經驗。玉山對我而言，是再熟悉不過的了。

比較特別的一次經驗，是2016年跟前總統馬英九一起登玉山，他很早就想安排登玉山。不過，他不管是在臺北市長或總統任內，想要完成這個夢想有其困難，因此，卸下總統一職後，他就積極安排爬玉山的行程。

畢竟是卸任元首，想要來一趟攻頂行程，還是比一般人麻煩多了。首先，玉山的排雲山莊床位有限，總共只有90幾個床位，必須抽籤抽中才行。在夏天最熱門的季節，排雲山莊大約有3000多人要抽籤，就算是較冷門時，也有1500多人。因為他有跑馬拉

玉山登山道前十公里多是棧道，容易行走，最後一公里是碎石子路，稍有難度，但沿路有鐵鍊可拉著走。

松的習慣，體力還算不錯，討論之後，他決定當天來回，也就是「單攻」，從2600公尺高的塔塔加登山口出發，爬到玉山山頂後當天就下山。

以前我帶兒子兩次登玉山也都是單攻，大約10～12個鐘頭可以爬完全程，差不多天一亮就出發，最晚下午五、六點就可以回到登山口。單攻的好處是不用背著沉重的裝備，也比較不會有高山症。待在高海拔的時間越長，越容易導致腦水腫，引發不舒服的症狀。想要攻玉山山頂，必須先拿到能適應高山的證明，為此，馬前總統特地去爬了合歡群峰，包括合歡主峰、北峰、東峰及石門山。

他去挑戰玉山的那天，有許多人陪同，包含特勤人員，因為玉山山頂是三縣交界處，嘉義、南投、花蓮警局也都派警員前來。浩浩蕩蕩約30、40個人，大家在清晨四點起床往玉山山頂前進。登頂一路上遇見很多熱情的民眾，大家都想跟他拍照留念，

人數實在太多了，他的隨扈很有經驗，馬上請大家分成十個一組，並且選好拍照的地點，馬前總統拍完一組，馬上移動到下一組合影，才節省了不少時間。

從塔塔加到排雲山莊，8.5公里的路程都是容易行走的棧道，再往上至山頂約2.3公里，因為後段是碎石坡，一般人大約需爬2個半小時。馬前總統攻頂後，山頂的手機訊號是暢通的，因此還當場做直播，開心的跟大家分享完成了這件一直以來想做的事。

在登玉山的過程中，還發生一件有趣的小插曲，因為馬前總統很節儉，這次穿的是很舊的登山鞋，沒想到走到一半鞋底就開口，行走時變得舉步維艱。他一路拖著壞掉的鞋底，好不容易終於回到排雲山莊，剛好遇到一位熱心的大學生，馬上把腳上的登山鞋脫下來借給他。馬前總統穿著借來的鞋回到登山口，之後再請要上山的民眾幫忙把鞋送回排雲山莊還那位學生。由於被這些事稍微擔擱了，大約晚上七點才完成整個行程。

馬前總統登玉山時已經滿66歲了，還能當天往返，真的不是一件容易的事，相信一定能鼓舞、振奮許多愛好登山的人，只

前總統馬英九登玉山時已經66歲了，還能當天往返，不是一件容易的事，相信一定能鼓舞、振奮許多愛好登山的人，只要有夢想，不管年紀多大，只要堅持就有完成的一天！

要有夢想，不管年紀多大，只要堅持就有完成的一天！

挑戰東南亞第一高峰──神山

　　馬來西亞又分為東馬、西馬，神山在東馬婆羅洲島北方「沙巴（Sabah）」的境內。神山是馬來西亞，也是東南亞的最高峰，海拔4095公尺，比臺灣玉山還高一些。

　　馬來西亞曾是英國殖民地，英國統治期間就已經在神山建立了步道。神山的登山口位於1800多公尺處，附近有許多旅館。通往神山山頂的路有步道及欄杆，算安全好走。登神山整個行程約需二天一夜，第一天從登山口走到3300公尺處，路程約6公里，

東馬雖然是馬來西亞較落後的地區，但神山的Laban Rata山屋乾淨，餐廳、浴室設備齊全，住起來滿舒適的。

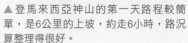

▲登馬來西亞神山的第一天路程較簡
單,是6公里的上坡,約走6小時,路況
算整理得很好。

◀▼比臺灣玉山還高的馬來西亞神山,是
東南亞最高峰,我們半夜二點半從山屋出
發登山,到山頂時正好快日出,太陽剛從
東方升起,雲霧在山間縈繞,景色非常迷
人。

約要走6小時，當晚可住在Laban Rata山屋裡。對於行走了一天的人來說，山屋裡有熱水、有餐廳，可以補充體力，並且好好休息。

第二天，我們約半夜二點半從山屋出發，到山頂時正好快日出，神山是一座獨立的山峰，太陽剛從東方升起時，雲霧在山間縈繞著，景色非常迷人。神山的山頂尖尖、小小的，上面有個地標，每個攻頂的人都想站上去拍照留念，多停留一會，還會被別人趕下來。

從4095公尺高的山頂往下走，回到1800公尺登山口，需要花

登馬來西亞神山的第二天行程是從山屋走到山頂、再下山走回登山口，約要走10小時，需要相當的體力及耐力。

一點時間，因此當地管理單位規定七點之前一定要登頂，超過時間就不准再登頂。我們在山頂停留了一會，差不多七點往回走，十點左右回到山屋吃早餐後再接著走，下午三點左右就回到登山口了。

　　算一算，第一天用6小時從登山口走6公里到達山屋，第二天從山屋走到山頂、再下山走回登山口，大約要走10小時，需要相當的體力及耐力。此外，下坡路較陡，雖然沿途都有繩索或欄杆可以支撐，但還是不輕鬆。對沒有爬山經驗的人來說，要走完全程應該比較困難。

神山山頂景色如畫，照一張團體紀念照，拍到一張好照片，立刻忘了兩天路途的辛苦（照片提供／趣健行旅行社）。

我總共爬過二次神山，第一次帶兒子一起，當時他才6歲，第一天走6小時還能應付，但第二天從山屋往上爬的路途，他就因高山症而感覺不適在山莊休息，沒有登頂。

　　我太太因為工作的關係第一次沒有參與，回臺後我常提到神山之美，因此她總是吵著要找時間去一次。20年後她從工作崗位上退休，我們在2016年安排了一次神山之旅。第一次爬神山時，

登上神山山頂後，開始下山的行程，下午可至登山口的餐廳享用富盛的午餐。

我才46歲，體力好，覺得相當輕鬆；2016年再次登頂，年紀大了，只能跟著太太慢慢的走。

神山風景非常秀麗，很值得一遊，但要靠點運氣，萬一遇到下雨，景緻或行動力都會大受影響。

太太退休後一直想造訪神山，我們在2016年安排了一次神山之旅，如願登上山頂（照片提供／趣健行旅行社）。

壯遊東亞三山，一趟路收穫滿滿

很多人曾問我：「想嘗試有點挑戰性，但又不想冒險的登山活動，而且經費有限，是否有理想行程？」像這樣的情況，我會推薦他們嘗試爬東亞三山。

「富士山」周圍都是溫泉區，有水有山，事實上，山下比山上美，下山後泡溫泉看富士山是無比的享受。而「玉山」是台灣第一高峰，山頂風景秀麗，也值得造訪。再者，「神山」附近，是生態國家公園，沙巴附近也有海島國家公園及河川生態公園，一趟路就可以收穫滿滿。想來一趟築夢之旅，東亞三山可以說是最簡單、最經濟實惠的壯遊旅程。

日本北阿爾卑斯巡禮

　　日本跟臺灣一樣是島國，南北走向的中央山脈，將日本最大島本州分為東西兩岸，跟臺灣不一樣的是，本州東岸才是人口聚集的地方。

　　這道中央山脈，包括飛驒（音念「陀」，不唸「彈」）山脈、木曾山脈、赤石山脈，以「川字形」並列，雄偉壯觀，可說是日本的屋脊。其中飛驒山脈位於最北，稱為北阿爾卑斯。日本近代登山開拓之父是英國傳教士瓦爾特·威士頓，他的著作《日本阿爾卑斯——登山與探險》一書，讓日本飛驒山脈的盛名遠播。

日本立山高聳參天的雪牆，
讓人不禁讚嘆大自然與人力
共同締造的獨特奇景！

▲從立山室堂平走向雷鳥平，滿地積雪需要裝備齊全才能活動。可以走到照片右後方立山連峰與劍岳山塊鞍部的劍御前小舍或劍御前山頭，但要爬上劍岳，是不可能的事。

▲雷鳥是日本國寶鳥，在雷鳥平常見。通常雨後或大霧，會出來覓食。入冬時，原木褐色羽毛會慢慢轉為雪白夾雜少許黑羽毛，看起來非常雍容華貴。

雪之大谷，壯觀景致令人讚嘆

立山是日本北阿爾卑斯最知名的山頭，每年雪季因為地理位置、盆谷地形加上氣候因素，一個冬天能夠累積20公尺高的積雪。雪季封山之後，何時再開放時間不固定，大約都在4月下旬。當地人會在積雪數月的雪地中闢出一條車道，稱為「雪之大谷」，這道高20多公尺的雪壁，僅在4月底到6月初才有機會看到。走在高聳的雪牆旁，潔白壯觀的雪壁直指藍天，讓人不禁讚嘆大自然與人力共同締造的獨特奇景！

登立山連峰

立山是一排南北向的連峰，包括雄山、大汝山、富士折立等山峰。要走完立山連峰可以從立山室堂平一天內繞一圈來回，立山室堂平同時也是登頂劍岳的前哨站。雄山在6～10月間並無積

雪，是登頂最佳時機，從室堂平登上雄山山頂只要兩小時，是北阿爾卑斯入門山之一。

　　日本小學生畢業前，登頂雄山是一項熱門的戶外活動。老師通常會與學生同行，一班15人左右，帶相同顏色的帽子，每班帽子不同色，老師好辨認和清點人數。小學生非常守秩序，全班一起行動，走太快的同學，在老師一聲令下，馬上蹲下等候，全班到齊再出發。

登立山的日本小學生，由老師帶隊，前方走較快的同學安靜蹲著休息，等老師發號司令，守秩序的團隊精神，讓人佩服。

　　當然，登山愛好者大部分繼續往大汝山、富士折立前進，下到劍岳最前峰御見前與立山連峰鞍部，要登劍岳者繼續往北前往劍山莊過夜，只登立山連峰者，由鞍部旁的御劍前小舍下雷鳥平，雷鳥平冬季是滑雪勝地，有廣大的露營場，也有溫暖舒適的溫泉山莊可以過夜。

▲北方雲端裡的山頭就是劍岳，離室堂高原要兩天路程，一般要住在劍山莊一夜，從劍山莊用一天時間可以來回劍岳。

▲要登劍岳者，通常會在劍山莊過夜。

▲立山連峰山脊上風景如畫，往北是劍岳獨峰突出雲端，往南連峰並列，蔚為壯觀。我在大汝山叉路口和御劍前峰留影。

▲雷鳥平離立山車站室堂平大約需步行一小時，因此一般旅客較少到這裡，但這幾間山屋就在地獄谷溫泉頭，溫泉水質一級棒。由於旅客少，住個室（單獨房間）一宿兩餐，每人只要11000日幣（通鋪是9500日幣），非常經濟實惠。

挑戰高岩聳立的劍岳

立山連峰往北延伸就是劍岳山塊，最高峰當然就是劍岳，它不算高，2999公尺，卻是附近最高峰，遠遠從立山方向往北看，劍岳高聳入雲。它也是日本少數存有冰河遺跡的山。

登劍岳一路上都是高岩，岩石上釘有鐵鍊可以拉，但仍是日本最具危險性的山，在下雨、冬季積雪時登山更加危

登劍岳一路上都是高聳的危稜，要小心地四肢並用，一步一步上攀。

登頂劍岳，身上安全帽、安全繩索扣環都還在，等會下山還用的著。

險。劍岳和谷川岳、穗高岳並列為日本三大岩場。

　　登頂路上需要手腳並用，嚮導還要我們掛安全扣環，才能確保安全登頂。值得一提的是，陪我們登頂的嚮導林永富先生，還是臺灣十位登頂過珠穆朗瑪峰的人之一。

旅遊勝地上高地，令人流連忘返

　　上高地是日本旅遊勝地，除冬季封閉之外，每天遊覽車及旅客絡繹不絕。梓川、大正池、明神池、河童橋都是旅客流連忘返之處。這裡星級旅館相當多，其中帝國大飯店還是歷史悠久的五星級旅館。如果不是為了要爬山，真想在這間蓋在森林和河川旁的高檔旅館多住上幾天。

上高地同時也是北阿爾卑斯諸多名山的登山入口，包括穗高岳、槍岳、乘鞍岳、燒岳，當然槍岳是最多人嘗試登頂的山岳。

槍岳是日本第五高峰，標高3180公尺，由於受冰雪侵蝕，形如朝天之槍，相當尖銳陡峭，是日本百名山之一，無積雪時登頂不特別困難，知名度又高，因此挑戰登頂者絡繹不絕。

上高地風景美不勝收，是旅遊勝地，景點非常多，此處為有名的名神池。

橫尾山莊VS槍岳山莊

要登槍岳，可以早點從上高地出發，大約走八小時可到達槍岳山莊，再花半小時登上山莊後方，比山莊高約180公尺的山頂。可是，我們是老弱婦孺團，無法如此趕路。因此，第一天下午從上高地出發，先走三小時平路，入住橫尾山莊，隔天再走五公里路程，爬高約1200公尺，大概花五、六小時抵達槍岳山莊。

我們第一夜住的橫尾山莊，非常乾淨且安靜。最特別的是它有一個小巧舒適的浴池，雖然不是溫泉浴池，但走了半天，泡個澡也是一大享受。這裡是水庫上游，為了環保因素，浴池規定不能用肥皂、洗髮精，只能用清水沖洗身體。不過，一開始大家看不懂日文，也聽不懂工作人員的說明，手忙腳亂非常尷尬。

至於第二夜入住的槍岳山莊，位於稜線上，沒有水源，只能收集雨水，廢水也是循環再利用。它號稱可供500人住宿，在登山旺季時，可說是人聲鼎沸。我們是遠道而來的客人，山莊主人特別安排三間通鋪給我們20人住，其他房間大部分是上下鋪房間。

　　由於人多，吃飯要排班分批，白飯、味增湯無限供應，不知道是否因為累又餓，感覺餐點十分可口，甜點、水果也不缺席。山莊標高3000公尺，東西都要直升機運補，用柴油發電機供電，因此還有自動販賣機賣各式飲料、啤酒。

▲我們整隊20人在橫尾山莊前合影。橫尾山莊乾淨舒適，連餐廳都分住宿旅客和外來客餐廳，住宿客是內含早晚餐；外來客餐廳要點食物，穿鞋可以進入。

離槍岳山莊只剩一公里，大約還剩一小時路程。照片背後槍岳就像槍尖指向天空，山莊就蓋在左下方稜線上，十分厲害。照片左起是山友林雪如、內人與戴桂英。

▲槍岳山頂的神社，山頂空間狹小，容不下幾個人站立，但環視四周，槍岳被群山環繞，無比壯觀。

超級享受的溫泉浴池

有次雪季，我們來到新穗高溫泉，搭纜車再往上前進，預定登到西穗山莊住宿。雖然山莊不到一公里，但積雪太深，無法繼續前進，只好撤退回新穗高溫泉。

當地的旅遊中心志工特別介紹一家槍見館投宿，這不是飯店，是旅館設在溪邊的溫泉浴池，可以看見槍岳。這是一棟有歷史的建物，用大原木蓋成古色古香的建築。它沒有大浴池，只有幾間個人小浴池，也可以泡在溪邊雪堆間的浴池，欣賞雄偉的槍岳。這種心曠神怡的感覺，不是身處華麗的溫泉旅館大浴池可以比擬的。

要前往槍見館位於溪邊的浴池，要走過森林步道，穿浴衣走冬季積雪的步道，和在積雪的溫泉浴池裡泡湯是另一種美妙的體驗。

槍見館的晚餐比大旅館的會席料理有過之而無不及。

奇石林立的燕岳及舒適的燕山莊

我來過燕岳兩次，第一次走槍岳表銀座縱走經過，當時下雨，匆匆在燕山莊吃了碗麵就趕著下山，但是對燕山莊的雄偉建築跟親切服務，留下非常深刻的印象。特別是透過餐廳旁的玻璃窗，望著煙雨濛濛中的燕岳，真是美呆了！

▲燕山莊的通鋪，是雙層上下大通鋪，有布簾隔間，還有背包置物架，在室內穿拖鞋，登山鞋架則在房間外。

▼奇石林立的燕岳，這是鼎鼎有名的海豚石，海豚右側尖尖的山頭就是槍岳。

2017年9月，我特地再安排了一次火車自助之旅，只爬燕岳和唐松岳，是以魯肉腳山友的實力設計的登山、旅遊、觀光之旅。這次包括纜車一共搭了十八種交通工具（步行、計程車不算），不過重點還是在燕岳和燕山莊。

從登山口中房溫泉（1450公尺）到住宿地燕山莊（2740公尺），這段路長約5.5公里，大概五、六小時可以完成，算是初級登山路線，沿途可以看到很多登山客，不乏長者與小朋友，大多是在燕山莊一宿往返。

午餐的地點合戰小屋路程約三小時，幾乎都是走在緩坡上升的林蔭道上，期間還設有三處比較平坦寬廣的休息區，快到合戰小屋前，開始進入一段花崗

▲燕山莊蓋在山丘頂上，視野寬廣，山莊西南方是槍岳，東南側遠方可以看見富士山頭。

▲二天一夜登燕岳，適合魯肉腳級的山友入門。日本退休人口眾多，燕岳每日都是人來人往。

礫石路，沿途奇形怪石，這時路程已過一半，燕山莊不遠了。

最令大家念念不忘的要屬合戰小屋的西瓜了，小屋所有物資都是透過纜車運送上來，其中又大又圓又甜的西瓜，雖然每片800日幣，並不便宜，但是千辛萬苦來到這裡，不品嚐這人間極品，會終生遺憾。

燕山莊曾經在2016年經評比為日本最優的山莊，可以住500人，燕岳離山莊不到一小時，奇石林立，最特別的是栩栩如生的海豚石，像剛跳出水面頑皮逗人的海豚。大概很少臺灣團住這裡，因此老闆對我們這趟十人的自助團只收九人費用，還特別安排我們住屋頂通鋪（比較寬敞）、在包廂餐廳用餐（原是書房）。

白馬三山

登白馬三山，對臺灣的山友而言並不陌生，除了富士、槍岳、劍岳，白馬應該是名列前茅的選擇。五天或六天的行程，就

可以玩得盡興，費用又不高。

　　華航每日有一班飛機直達富山市。富山到白馬，登山團包遊覽車路程並不遠，自由行搭火車，要多轉幾次火車，但是當天傍晚就可以到白馬村。住白馬村或是白馬村的八方社區，隔天搭公車到猿倉登山口，安排三天的登山行程並不會太吃力。

　　我們預計第一晚爬到白馬溫泉小屋（2100公尺），隔天連登上白馬岳、杓子岳到白馬山莊（2832公尺）住宿，第三天登上山莊後方不遠的白馬山（2932公尺），走五、六小時下山路，到拇池自然公園搭纜車下到拇池高原，有公車可以回八方或白馬。

　　第一天路程，我們先走到1230公尺的猿倉登山口，因為有點繞路，又走了五小時才到達白馬溫泉小屋（2100公尺）。能夠在登高後泡在雲端的溫泉浴池，一面泡湯，一面欣賞黃昏山景，可說是無比的享受。溫泉小屋在冬季時為了預防雪塌壓垮房子，要拆除等待明年春天再重組，所以每塊木頭都有詳細編號。

　　隔天一大早，出發往上急攀，約三小時才登上天狗鞍部，其

▲白馬山莊的外食餐廳和販賣店，其規模、裝潢不輸山下的旅館。

▲美麗的白馬大池，離白馬山莊大約要三、四時路程。

中有幾段路很陡，要拉鐵鍊才上得去。從鞍部沿稜線北上，可以連登白馬岳、杓子岳，路程已經變為緩升並不難走，行走在因風化呈白色砂礫的花崗岩質稜線，好似踏雪。最後繼續往北、往上走到白馬山莊，或許爬升一整天頗累，最後短短一公里緩緩上升的路，我們走了將近一小時才走到山莊。

白馬山莊就蓋在白馬岳下方，號稱全日本規模最大的山莊，可以容納1000位山友入住。白馬岳（2932公尺）就在山莊後方，清晨早起，登上白馬岳山頂，等待看日出的絕景。

在白馬山頂，西南方是劍岳絕壁，南方是後立山連峰，構成一幅壯麗的山岳風景畫。在東南方遠處，還隱約可以看到富士山頭在雲端露出。

八方池的白馬三山倒影

來到白馬村，一般人是住在八方社區，離白馬火車站一公里，民宿或旅館通常會到火車站接送，搭計程車也不會超過1000日幣。既然住八方，八方池當然是必遊的景點。假日時，一大群旅客搭纜車上山，走一小時到一小時半，就到美麗的八方池。

八方池獨特的是三面是山丘，開口朝北，正對著白馬三山，天氣好時，倒影相映，藍天青山綠水，美哉！

來到白馬的八方，走訪美麗的八方池是一定要的。我們魯肉腳隊順道登唐松岳（2696公尺），在頂上山莊住了一夜，隔日才下山。

美麗的八方池及白馬三山倒影，從唐松岳下來也有點累，剛好可以一面坐岸邊休息，一面欣賞藍天綠水和白馬三山倒影。

造訪黑部峽谷及鐵道

　　立山黑部在臺灣是非常熱門的旅遊路線，但是真正經過的只是黑部峽谷的上游——黑部水庫和黑部大壩。峽谷的下游也是風景區，但國人比較陌生。去黑部峽谷從富山市搭地方鐵路（有別於國鐵JR）就可以到宇奈月溫泉，再搭森林小火車就可遊覽整個黑部峽谷，小火車只開到大壩的下游。值得一提的是，黑部峽谷鐵道和阿里山小火車是姊妹鐵道。

讓人稱羨的登山文化

　　之前曾去爬了一趟富士山，感覺是場災難，不論是人的總量、山屋數量、排遺處理都是很大的問題。難怪富士山申請世界

遺產，一直受到阻力，最後勉強以文化遺產過關，世界自然遺產沒法通過。事實上，我也不會想去第二次，在山下溫泉旅館遠觀富士山，是更好的選擇。不過，日本北阿爾卑斯山就不一樣了，在中部國家公園內，大約有上百家的山屋。當地人組織山屋，配合國家公園的管理，加上業者的自治，讓人羨慕和讚歎不已。

　　雖然北阿爾卑斯當地山莊數量明顯過多，但這是公園管理前就存在的問題。在管理和自治並行下，排遺、垃圾、水源汙染等問題得以在合理範圍內受到管制。這讓登山人方便、業者得以生存、國家公園環境得以永續經營，可說是三贏的成果，也證明環境保護和親近自然是可以並存的。

　　另外值得一提的是，入山登記管理及風險責任的問題。日本入山入園是登記制，不需要許可，但風險責任自負，撤退及救難時要有能力自救，登山者自負一切責任，山莊及政府是第二線救援單位。不像臺灣出現事故時，會指責消防局救援不力。

宇奈月溫泉是黑部市的風景區，也是黑部峽谷森林火車的起點。當地高檔溫泉旅館林立，旅館也推動各項觀光活動。造訪當天是音樂節，在舊火車道有銅管表演，後方就是新森林鐵道。

黑部峽谷森林火車，車頭有與阿里山森林火車結盟的紀念標誌。

富山市營地方鐵道有部分列車有餐車，餐車車廂內明亮舒適。

河川、高原與峽谷的盛宴
四千公里汽車露營旅行

　　退休後，原本我規畫從美墨邊界騎自行車進行3500公里的長征，也就是從美國亞利桑那州與墨西哥邊境，騎鐵馬到加拿大班夫國家公園。但仔細查閱資料才發現，洛磯山脈的自行車道是登山車道，一方面我沒有體力騎完，加上後勤補給、休息住宿也是

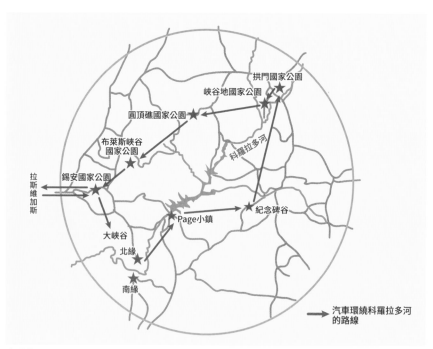

大環繞（grand circle）的地圖，其實是科羅拉多河和科羅拉多高原交織出來的一場盛宴。

難題。退而求其次，駕越野車進行公路旅行是比較可行的規劃，也希望順道多造訪幾個國家公園，不要一路都在開車，累了在國家公園休息幾天，等體力恢復再繼續上路。

　　找路時不經意看到大環繞路線，探險出版公司的介紹相當吸引人，文章指出科羅拉多河四周有十幾個景點，每一個都有獨特的看點，有些還是世界級的步道，或登山、溯溪、騎車、露營地點。

　　我決定先進行一趟探路之旅，先搞清楚路線、高度、氣溫、景觀、補給食宿等，再來規畫自行車長征之旅。就這樣，我和太太帶著帳篷、睡袋、露營用品來到美國賭城拉斯維加斯。

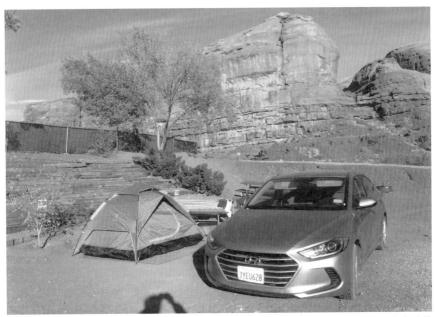

我帶了帳棚跟瓦斯餐具，每個露營位子都有餐桌、營火圈、烤肉架。民營露營場一般都有洗熱水澡、洗衣、wifi、小賣場等服務，還算方便。

隨興的汽車露營旅行

　　我們將旅程的起點與終點都訂在賭城，啟程前在賭城玩了兩天，也到超市採買食物，到運動用品店補齊瓦斯、爐子及露營用品。我們事先訂的是市中心星級旅館，後來才學到其實住郊區旅館更經濟。郊區旅館設備不錯，為吸引賭客，房價非常便宜，更具優勢的是比市區方便進出，好停車。市區車多，常塞車，出發前還曾發生槍擊屠殺事件，人潮多的地方，總讓我沒有安全感。

　　離開賭城之後的16夜，我沒有訂任何旅館、民宿和露營營地，只推估回到賭城的時間，在賭城郊區訂了旅館。

　　為何沒訂住宿地點，主要是無法確定行程，這一路上都是景點和國家公園，要停留多久無法確定。反正隨遇而安，最壞就是找不到旅館或民宿，也沒有適當露營地，只好在車上過夜，心想有睡袋、枕頭、厚的雪衣，不會受凍的。結果發現大環繞都是沿著公路而行，一路上都有商店跟露營地，食物補給不成問題，接下來的16夜，只有兩夜是住汽車旅館，其他都是露營。

　　國家公園內的旅館，因為少又方便，大多早被訂光。國家公園內的露營地也很熱門，除了幾個first come、first serve開放當天登記使用的營位外，大部分都會在年初開放登記時就被訂光。另一方面，國家公園堅持走自然原始風格，很多沒有提供熱水、洗衣、網路連線等服務。因此，我們大部分在公園門口最方便的私人露營地露營，費用看地點熱不熱門而定，一天價格約20～40美

元（還要另加稅）。

因猶他老先生的忠告，臨時改行程

　　原先我們預計順時鐘繞大環繞路線，離開賭城（內華達州）經一小段亞利桑那州，進入猶他州。碰到的第一個猶他州城市是聖喬治，公路上斗大招牌寫著猶他觀光旅遊局服務中心。大環繞跨越四個州，其中主要景點都在猶他州，到聖喬治的旅遊中心取得大環繞的旅遊資料是必要的。

◀2007年與太太來大峽谷南緣拍的照片，這次是到對面的大峽谷北緣。

▼從大峽谷南緣往北看去，依稀可看到的北緣建築物，這就是位於北緣漂亮的Grand Canyon North Rim Hotel。

在市立會議中心內找到了猶他旅遊服務中心，進去拿地圖、國家公園摺頁，查看公路、住宿資訊。服務的志工非常熱心，詳細介紹了猶他州的景點，聊著聊著，他知道我們想先去錫安國家公園，然後順時鐘沿大環繞路線回來，他建議我們先去大峽谷北緣，因為當地較冷，隔幾天就要關園了。

計畫真是趕不上變化，只好隨遇而安，就這樣馬上改往大峽谷北緣前進。當時是10月初，我一面開車，一面納悶為何這麼早就要關園？原來，大峽谷北緣平均海拔2700公尺，比大峽谷南緣高出300多公尺，雨量也較多，冬天會積雪，10月中就關門。我知道的是南緣會終年開放，沒仔細查北緣資訊，差點撲空。

逛大環繞，買國家公園年票最實惠

美國國家公園管理局是美國內政部轄下的單位，所屬單位又分成國家公園（National Park）、國家保護區（National

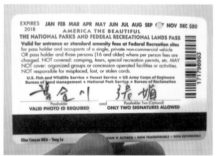

國家公園年票卡，要簽名，進園有時會對護照姓名。背面上方10月（Oct）被打了一個洞，表示效期到2018年10月底。

Monument）、國家遊憩區（National Recreational Areas）這三類。

要逛大環繞一定要買國家公園年票，一張80美元，在全美各地只要這三類園區，一年內都可以一票玩到底，包括一車兩位家人免費。但像是紀念碑谷等保護區（屬於原住民政府）、州立公園（屬於州政府）就必須另外付費。這趟17天的行程，如果沒有使用年票，門票加起來要花240美元，所以年票一定要買！

科羅拉多大峽谷

科羅拉多河長度約2333公里，其流域涵蓋美國7個州及墨西哥2個州。科羅拉多高原在科羅拉多河中上游，長期受河水侵蝕，內有多條深邃峽谷，其中以科羅拉多大峽谷最著名。

科羅拉多高原上氣候乾旱，年降水量250～500毫米之間（臺灣年降水量是2500多毫米），以乾草原和半荒漠居多，地勢較高的地區則有針葉林。

科羅拉多高原地殼隆起並不均勻，導致大峽谷的北緣比南緣高出300多公尺，而科羅拉多河離南緣比較近。北緣高地雨水較多，加速了峽谷的侵蝕，使科羅拉多河北岸的峽谷及其分支更快地拓寬。

雖然南北緣的直線距離平均約30公里，最短則只有16公里。但若想從南緣開車到北緣，可得花5小時行駛350公里路，繞上一大圈才能抵達。若想徒步走南緣，必須從南邊的南凱巴步道

騎著馬從河谷幻影牧場上來的旅人。

（South Kaibab Trail）或是光明天使步道（Bright Angel Trail）往下切，步行或騎馬到谷底的幻影牧場，第二天再走向北緣。這段路途遠（共約35公里），且高度落差大（先下降1500公尺，再上升1800公尺），必須先預訂峽谷下方唯一的旅館「幻影牧場」，在河谷中住宿一晚。

幻影牧場旁的小溪邊有露營地，幻影牧場山屋總容量只有60人，有4個男女分住的上下舖床位木屋及8個套房小木屋，露營地位子有限，也要事先向國家公園申請。

超級觀光小鎮──佩吉（Page）

這是亞利桑那州的一個小鎮，人口只有7247人，卻是亞利桑那州重要的觀光小鎮。這附近有鮑威爾湖（Lake Powell）、格蘭峽谷遊憩區（Glen Canyon N.R.A.）、羚羊峽谷、馬蹄灣等景點，還有格蘭峽谷大壩（下游的胡佛水壩較有名，但都是重要的水庫），鮑威爾湖長達300多公里，遊憩區有許多水上活動可玩，後面兩者都是國際級的旅遊景點。

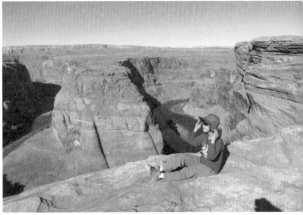

河水將這裡沖蝕出一個圓形的河灣，中間的岩石像馬蹄一樣，地形非常特殊，寶藍色的河水沁人心脾；其實這是一個在路邊，不收門票的景點。

納瓦霍保留區（Navajo Nation）

這是一塊半自治的印第安保留區，有7萬1千平方公里，比臺灣還大兩倍。它是美國最大的印第安保留區，包括整個亞利桑那州東北部、猶他州東南部、新墨西哥州西北部。

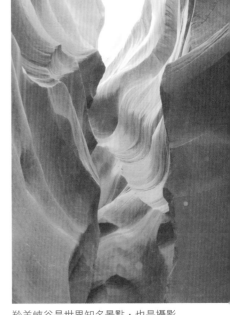

納瓦霍（Navajo）是印地安人，為北美洲地區現存最大的原住民族群，人口據估計約有30萬人。猶他政府在這設有學校、社區健康中心。我們特意去健康中心參觀，建築非常新穎，設備齊全，牙醫、產檢、兒童健檢、疫苗接種，一應俱全。現場看到一位醫師是高帥的年輕白人，其他工作人員都是原住民。

羚羊峽谷是世界知名景點，也是攝影愛好者的聖地，如絲絹一般婉轉曲折的地形，會隨著陽光角度的移換而變換不同層次的漸層光影，非常令人驚豔！若從已經乾枯的河谷向上望，峽谷深度大約20～40公尺。

電影《獵風行動》（Wind talkers）是一部以塞班島戰役時的美國海軍陸戰隊及納瓦霍族譯碼員（Code talker）為題材的電影，由尼可拉斯凱吉主演，當初參加戰役的納瓦霍戰士和主演譯碼員的族人被視為納瓦霍英雄。

紀念碑谷內到處是孤峰（butte）與針石（needle），寬的叫butte，風化到像一隻針，就是needle。

紀念碑谷公園（Monument Valley Park）

這是在科羅拉多高原上，一個由砂岩形成的巨型孤峰（butte）群落區域，其中大部分的孤峰高於谷底約300公尺，整個園區都位在保留地上。鋼琴家約翰泰斯（John Tesh）曾在孤峰頂上進行鋼琴演奏會（鋼琴是用直升機吊掛上去），表演與納瓦霍族原住民合作的樂曲。

紀念碑谷是高原的砂岩層經過長久風化後形成的地形；這裡的景色壯闊、令人震撼，谷內沒有柏油路，都是泥土路；其幅員廣大，我們開車遊完紀念碑谷一圈花了約3小時，只跑了17公里。這裡不適用國家公園管理局的年票，每車兩人需另外付入園費20美元，這是保留區的收入。不過，這樣在大地上佇立了各種孤峰（butte）與針石（needle）的特殊景觀，非常值得一遊！

　　紀念碑的特殊地形，成為許多電影取景的聖地，像是早期拍攝西部片的知名導演約翰·福特（John Ford）就曾多次在此取景，至今還有一個遊客必去的景點——「約翰·福特點（John Ford point）」，有商家已經備好馬讓遊客拍照，在斷崖上以四周的紀念碑作為背景，有一股西部電影獨有的滄桑與壯闊。

　　另外，電影《阿甘正傳》中阿甘滿臉鬍鬚，決定停止跑步的拍攝點，也在紀念碑谷附近的163公路上，也意外成為著名景點。

電影《阿甘正傳》主角阿甘跑步停下來說：「I am pretty tired，I wanna go home」的拍攝地點就在163號公路上，背後就是紀念碑谷。

最壯觀的精緻拱門（Delicate Arch）在高原上，要爬兩小時才看得到，遠觀時人都變得像螞蟻一般小，猶他州的觀光廣告都是用這拱門當圖案。

拱門國家公園（Arches N.P.）

　　這是一個非常熱門的景點，我們到附近的摩亞（Moab）投宿時，不論旅館、營地都一位難求，最後只好往南退了好幾公里，才好不容易在郊外找到一個大型拖車的營地；所以想造訪這裡的朋友，若不是露營旅行，需要早早訂房。

　　這個公園有非常多的「拱門」地形，在步道旁就可看到。最美最壯觀的精緻拱門（Delicate Arch）要走上高原，來回需要四小時；其實每個拱門都非常壯觀，人站在拱門下都顯得很渺小，很難想像千萬年前，河流還在這個高原上流貫，是經年累月地切蝕、風化，才形成這樣的拱門。

峽谷地國家公園（Canyonlands National Park）

　　這裡保留了一大片色彩鮮明的大地景觀，此處被科羅拉多河及其支流綠河侵蝕成數不清的峽谷、台地及孤峰。

　　河流將國家公園分成幾大區：天空之島（Island in the Sky）、針峰（Needles）、迷宮（Maze），這三處園區在公園裡並沒有道路可以相互通連。天空之島在公園中部及北部高原上，頂面高出東西兩側的河面600公尺以上，且成階梯狀層層下降。由於有公路通達，交通稱便，是整個國家公園中遊客最常造訪之區。

　　針峰區（Needles）大部分地區須藉助四輪傳動車輛，加上中、長程的健行方能抵達，故遊客少。迷宮區（Maze）居公園西部邊陲，綠河及科羅拉多河會合的荒野地帶，也需要四輪傳動車輛，是更具挑戰的旅遊路線。

　　同樣位在科羅拉多高原（Colorado Plateau），大峽谷看的是峽谷景觀，也就是兩側的峭壁與底下流過的河流；至於峽谷地國家公園，重點是峽谷與周圍地形所呈現出廣闊無邊的壯麗大地。

此處是峽谷地國家公園，與大峽谷不同的是，這裡峽谷寬闊無邊，從峽谷高原遠望，比河谷高出600公尺以上，且是呈階梯狀層層下降到河谷。

猶他摩門教拓荒者

我們也造訪了圓頂礁國家公園，這裡設立的目的是保護其色彩斑斕的地質層，園內有許多砂岩和巨石，有一些圓形巨石或懸崖具有淺白的顏色及半球形，看似美國國會山莊的圓屋頂。

不過，這裡獨特的自然文化歷史，更引人注目。早在1847年就已經有高達七萬的摩爾門教民從美國中西部移入鹽湖城。100多年前摩門教徒也陸續來到這河谷拓荒，公園內還保有許多當年

像國會山莊圓頂的山頭。

摩門教徒移民所建設的房屋、穀倉、鐵匠房、學校教室、果園等。

布萊斯峽谷國家公園（Bryce Canyon N.P.）

這國家公園因位置偏遠，知名度不如其他公園，但我在這裡遊覽了兩天，覺得這裡非常美，很值得來此一遊！

這個公園的遊園車非常方便，雖有停車位但不多，我們在這停留兩天都是坐遊園車與步行。要提醒的是，這是科羅拉多高原最高海拔（2700公尺）的公園，我們10月中旬到此，半夜冷到零下3度！我帶去的塑膠充氣睡墊變得又冷又硬，一般的睡袋也不夠保暖。半夜冷到我跑回車上開暖氣！我還因此特別去買了個適

在布萊斯峽谷國家公園，從高處向下俯瞰，岩柱（hoodoos）像兵馬俑一樣櫛比鱗次地排列，很像整軍待發的壯觀軍容。

在布萊斯峽谷國家公園，走步道可以下到岩柱群的裡面，景觀非常獨特。步道四通八達，走一整天也走不完。

◀在天使降臨峰頂上休息,美麗的錫安峽谷就在腳下,海拔比峽谷高出800公尺。

▼要登上天使降臨峰一路都是險途,上下的遊客無法錯身,必須一群人上,再換一群人下,最危險地方有鐵鍊,確保安全。

用零下17度的睡袋,還有一個海綿製的超厚睡墊,來這裡真的要注意保暖。

錫安國家公園(Zion National Park)

這裡的首要景點是錫安峽谷,長24公里,附近高山離谷底平均800公尺以上,其實錫安峽谷就是紅色與黃褐色的納瓦霍砂岩(Navajo Sandstone)被維琴河(Virgin River)所切割形成的美麗山谷。

摩門教徒在1858年發現了這峽谷,並開始在此定居。1909年,米鄺杜域國家保護區(Mukuntuweap National Monument)成立,而在1919年這國家保護區被擴大並改名為錫安國家公園(錫安是古希伯來語,意為避難所或聖殿)。其他著名景點有白色大寶座(Great White Throne)、棋盤山壁群、科羅布拱門(Kolob Arch)、三聖父與維琴河一線天(Virgin River Narrows)等,很多地名、山名都是摩門教徒以聖經故事命名的。

險峻的「天使降臨峰」，需要扶著鐵鍊才能攀上高達800公尺的山頂；還有「一線天」是15公里的溯溪之旅，但因我們裝備不足（我以為是有水流的步道，帶了雨鞋，結果是深及腰部的溯溪），只能造訪「天使降臨峰」。

九號公路穿越過錫安國家公園，在路邊往上爬一小時可以到達「峽谷最佳視野景觀點」，底下山谷就是錫安峽谷。

終於完成4000公里汽車露營長征

在17天16夜的汽車露營之旅後，我們又回到了賭城，這次比較聰明住在郊區的旅館，享受文明世界的舒適與便利。

仔細看看汽車碼表，開了2500英里（相當於4000公里），一天平均跑不到250公里，感覺並不誇張，但這次我們把科羅拉多四周玩了透澈，可說是不虛此行。套句電影主角阿甘的話：「我很累了，想回家了！」

話說雖然很累，但心情卻很滿足，完成了一場驚豔豐收之旅。如果你也有這樣的雅興與鬥志，這裡就像一場河川、高原與峽谷的盛宴，等著你來細細品味！

從海角到天涯——自行車練習曲

騎自行車長途旅行，是我爬完百岳時提出的Bucket List（夢想清單）之一，一開始計畫是騎自行車從美國亞利桑納州騎到蒙大拿州，約騎3000公里，估計要花兩個月來完成。

不幸的是，夢想和現實存有差距，有時這差距比地球到月球的距離還遠。

第一個是體力，60歲時我體力還不錯，一天騎100～150公里不是問題，問題是每天騎，能騎多久？

再來是天氣、路線，行程中間是猶他州的科羅拉多高原和沙漠地形，北方的懷俄明州、蒙大拿州是在高緯度，不能秋天以後去。

再來最困難的是隊友和補給，已經退休的人沒體力，有體力的沒時間，有閒有體力的人還要考慮經費的問題。因此，到現在我都快70歲了，夢想隨著時間飛逝一步步消失。

不過，我可不是輕易會放棄的人，為了探路，之前我前往美國科羅拉多州開車進行四千公里的大環繞，這次騎自行車漫遊奧林匹克國家公園到紅木國家公園就是練習曲，夢想不應該隨著年歲增加就慢慢褪色。

奧勒岡101海岸公路一路上美景不斷，這照片拍攝於要進入黃金沙灘（Gold Beach）小鎮前的海灘，騎著自行車一路往沙灘旁的公路滑降，是騎車人才能懂的享受。

天涯海角接力賽

奧勒岡州位於美國西岸，華盛頓州的南邊、加州的北邊，知名的「Hood to Coast」馬拉松接力賽就在這裡起源，這比賽被譽為「天涯海角接力賽」，是從胡德火山（Mount Hood）跑到海邊的一場接力馬拉松盛事。

Hood to Coast每年於8月下旬舉辦，每次參賽的人數超過一萬人，賽程長約320公里，要在32小時內完成，須由12位選手完成共36棒的接力賽。這場比賽從1800公尺胡德山山麓的滑雪山莊Timberline Lodge開跑，然後緩緩下降，森林、小村落和農莊散落在跑道兩旁，讓跑者一路都有愉悅的心情。參賽者一路從滑雪山莊，跑經波特蘭市區，最後結束在海邊的Seaside小鎮。因為海拔

高度的差異，路程中會經過各種不同的地形，對選手們而言是實力、耐力的嚴苛挑戰。

現在「Hood to Coast」這名稱已享譽國際，成為長程馬拉松接力賽的代名詞。臺灣2017年在花蓮第一次辦臺灣山海長征接力賽，現在2019年應該已是第三屆了。

為了飽覽奧勒岡海岸美景
規劃了長途自行車旅程

不過，我大老遠來到奧勒岡，不是為了參加接力馬拉松，是為了在號稱奧勒岡七大奇景之一的101號公路騎自行車。事實上，這條路線有商業的自行車隊可以加入，但他們的腳程超過我太多，於是我想辦法規劃了一段自己騎自行車的路線，請太太開車當保母，邊騎邊玩。我們的行程跟馬拉松比賽相反，是從海角騎往天涯。

奧勒岡旅遊局為了吸引旅客，在2014年推出「The 7 Wonders of Oregon」的口號，列舉了州內具特色的7大奇景包括：

1. 哥倫比亞河峽谷（Columbia River Gorge）

2. 胡德山（Mt. Hood）

3. 彩繪山（Painted Hills）

4. 史密斯岩（Smith Rock）

5. 奧勒岡海岸（The Oregon Coast）

6. 瓦洛厄河（The Wallowa River）

7. 火山口湖（Crater Lake）

　　我參考了旅遊局的推薦，安排了這趟行程，主要是沿奧勒岡海岸騎車下加州，之後再開休旅車沿著喀斯克特山脈，往北回到溫哥華。由於租了休旅車當保母車，來回是在同一個機場進出，如此一來，可以遊覽奧勒岡州的四項奇景，在奧勒岡海岸騎車的行程也不會太過緊湊。

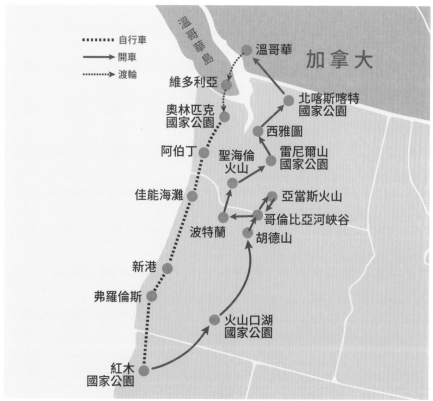

我的自駕和自行車路線，其中自行車為主的路線是從奧林匹克公園到紅木國家公園；之後再開車穿越縱谷，沿著喀斯克特山脈，往北回到溫哥華。

我的自駕、自行車配備，休旅車是租來的，自行車是我從臺灣帶來的摺疊車，拆裝只要花五分鐘。

1500公里的自行車漫遊

　　我跟太太是先從溫哥華進加拿大，搭渡輪到溫哥華島的BC省省會維多利亞，再搭渡輪到西雅圖西北方的天使港（Port Angeles，又稱「安吉利斯港」）開始騎自行車。

　　一開始每天頂多騎三十公里，其他時間是開車遊覽奧林匹克國家公園，一路往西經過了尼亞灣（Neah Bay），到了美國大陸最西北角的Flattery岬，再往南沿著101號公路到達阿伯丁（Aberdeen），行經奧勒岡州海岸，最後結束在加州的紅木國家公園（The Redwood National and State Parks），這段路約1500公里。之後，我們開車穿越縱谷，沿著喀斯克特山脈（Cascade Range）往北回到奧克蘭，繼續往北到華盛頓州的喀斯克特山脈。之後這段路程大多以開車代步，少數地點風景好、路平又沒車的路段才會騎車，整趟旅程前後將近一個月。

　　後來計算這一個月的行程，開車約5200公里，實際上真正騎自行車的路程應該不到1000公里，嚴格地說，其實是「帶著自行車的一場自駕旅遊」。我承認，自行車是備用的，是來拍照、

耍酷的，當我心情好就多騎一點，有狀況就求助保母車。太太笑我，「下雨天不騎、太熱不騎，上坡路太陡太長不騎，風景不夠美也不騎，這哪是自行車探險？」是啊！就是來休閒度假，那又礙了誰啊？

一路上都有國家公園、州立公園和地方公園的露營地，有些小鎮也有汽車旅館，所以住宿不是問題。只是露營跟旅館各有利弊，露營可以野炊自己喜歡的食物，但怕遇到下雨；而汽車旅館當然比較舒適，但不能用火，煮食不方便，只有少數旅館有電熱爐可用，不然就用咖啡壺煮開水泡麵、泡咖啡、泡茶配乾糧。平均一天的路程長達50～100公里，所以我們中午不吃熱食，吃早上準備好的麵包等輕食，傍晚才找營地紮營。

本來我是租一臺小型房車，租期一個月加上全險約1200元美金，但因租車公司調度不來，於是自動幫我們升級成休旅吉普車。自行車是我從臺灣帶來的「Change」，它的紙箱長度只有205公分，托運很方便，放進吉普車也很方便，拆裝只要花五分鐘，是我一路上的好夥伴。

這趟行程一路上都是國家公園、州立公園、郡立或是鄉鎮公園，露營當然是首選，要住旅館或是motel，要到都市或是小鎮才有。

擁有無敵美景的101公路海岸線

　　海岸線之旅開始於西雅圖西北方的天使港（Port Angeles），我來的時候是六月，氣候宜人，整條海岸線的風景都令人心曠神怡。

Cape flattery是美國大陸最西北角的岬，這裡有步道，走到步道的盡頭，可看見燈塔在對面的無人島上，無法走到，但一路上的無敵海景是有能力走步道的人，才有資格欣賞的！

▲尼亞灣（Neah Bay）碼頭的美景，對面的山脈是加拿大溫哥華島。

▲阿斯托利亞─梅格勒大橋（Astoria-Megler），橫渡過哥倫比亞河，又長又高，長6.5公里，橋最高淨空60公尺，大型船隻可從橋下通過，橋的北方是華盛頓州，南方是奧勒岡州。

▲由於101公路是沿著太平洋海岸延伸，一路上都是漂亮的燈塔，著名的Yaquina Head燈塔，在新港（Newport）附近。

▲失望角燈塔(Cape Disappointment Light)，位於哥倫比亞河流入太平洋河口的上方，是航行入華盛頓州與奧勒岡州的重要燈塔。

新港（Newport）在奧勒岡海岸公路的中央，有公路往東與波特蘭、尤金（Eugene）、賽勒姆（Salem）等大都市相通，是非常美麗的旅遊小鎮。

▲101公路海岸線中有一個知名景點是Cape Arago海洋保護區，這是在Cape Arago州立公園內Simpson觀景臺上拍的照。在幾百公尺以外海上的礁岩上，有一大群海獅棲息，解說牌指出這裡同時有三個不同品種的海獅在這棲息繁殖。

▲海岸線另外一絕是美味又新鮮的海鮮，這是在連鎖海鮮餐廳「Mo」點的簡餐。怎麼樣，看起來跟臺灣的海鮮料理很不一樣吧！

Battery Point燈塔在加州海岸最北方小鎮半月城（Cresent City）的城區外，是個漂亮的景點。

自行車的終點是紅木國家公園，這個國家公園很大，呈現長條狀，從北到南的長度約80公里，所到之處都是有千年歷史的參天巨木。

這趟旅程途中遇到我68歲的生日，我們夫妻倆花了六塊美金買了一個大蛋糕，兩個人吃了三天三夜才吃完！

白雪皚皚的火山群

在北美洲，大家比較知道的是洛磯山脈和東邊的阿帕拉契山脈，但是沿著太平洋海岸，也有個綿延1000多公里的高大山脈，那就是喀斯喀特山脈（Cascade Range）。

喀斯喀特山脈從加拿大BC省南邊經過華盛頓州、奧勒岡州，一直延伸到加州的北邊，中間白雪皚皚、群峰延綿不斷，非常壯觀。這裡是福安德富卡板塊和北美板塊相交會處。福

安德富卡板塊的東部到現在還是不斷地陷入北美板塊之下，常久以來岩石擠壓入地底經加熱後成為岩漿，形成這地區一系列的火山。其中的幾座火山更是高大雄偉，不僅山形壯麗，也形成獨特的火山地理景觀。

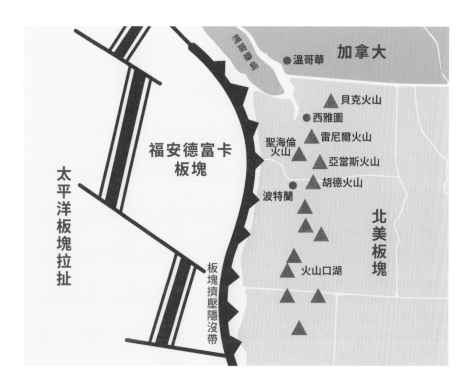

藍得耀眼的火山口湖（Crater Lake）

每年有40幾萬的遊客慕名來看這個美國最藍最深的火山口湖，這湖最深處有594米，是美國最深的湖泊。湖水清澈、藍得耀眼，沒有任何污染，平靜的湖水像一面巨大的鏡子，映射出周

圍山峰的倒影，越接近水面，藍色就越純。這湖水的藍是那麼原始質樸，那麼純淨幽深，宛如人間仙境。

　　七千年前，位於俄勒岡州的瑪扎瑪山（Mount Mazama）發生了劇烈的火山爆發，這是數十萬年以來，北美規模最大的一次火山爆發，它帶來的火山灰波及了美國八個州和加拿大的三個省，噴發後引起山體大崩塌，讓原有的山峰不再存在，今日我們見到的火山湖，就是山頂塌陷入火山內所形成的巨大坑洞。這坑洞積水後形成湖泊，如此清明如鏡、寧靜祥和的美景，實在很難想像它曾是天搖地動、火舌噴發的可怕景象。

火山口湖是全美最靛藍的湖，對面的湖岸約距離20公里。清晨沒有風浪時，山的倒影映照在湖水中，水、山、天一色，美的無法形容。沿著湖邊山徑走，處處都是不可多得的美景。

火山口湖非常大，繞湖一圈要50幾公里，是走不完的。沿湖有許多步道，大部分是與公路平行繞著湖邊走，有一條是往下走到湖邊，來回要兩小時。火山口湖原本就是瑪扎瑪山塌陷形成的，沒塌掉的部分本身還是山峰，有許多步道是去登頂的。

我們沿山徑走到湖邊碼頭，原本有觀光船，現在好像停開了。從環湖公路來回湖邊，落差有200多公尺，約2小時才能走完。

火山口湖的景致令人心靈澄淨，我們忍不住在這裡待了三天兩夜，但這裡腹地遼闊，三天兩夜只走了幾個主要的景觀步道，本來想在這騎自行車繞湖一圈，但不少上下坡，估計要四個小時才能繞完，結果找不到時間騎，只能依依不捨地和它說bye bye囉！

旅遊勝地──胡德山（Mount Hood）

胡德山是喀斯喀特山脈中俄勒岡州的最高峰，海拔3424公尺。在晴朗的日子，從波特蘭遠眺，就能看到胡德山白雪皚皚的山頭。

胡德山也是一座火山，在過去的1500年中，曾有過兩次大規模的噴發，最近的一次是在1865年。如今胡德山已成為奧勒岡、波特蘭的旅遊勝地，攝影、露營、登山、滑雪，一年四季都有活動。要看清楚胡德山的全貌，應該是在距離山遠一點的地方眺

從失落之湖（Lost Lake）湖邊步道遠望胡德山（Mount Hood），美不勝收。這裡的露營區設施齊全，租一艘獨木舟倘伴湖上，像置身天堂。

望，就像要遠望，才能看到完整的日本富士山一樣。

在胡德山的周圍有許多值得一看的景點，在這些地方的襯托下，景色和遠山相輔相成，宛如身在畫中。

失落之湖（Lost Lake），是胡德山附近最值得一去的好地方。它在胡德山的西北邊，距離胡德山16.2公里，是附近最負盛名的露營聖地。

失落之湖沿湖步道兩側的綠樹跟湛藍的湖水，真是美到讓人流連忘返。在失落之湖露營區有齊全的露營設施，那裡設有148個大小營地，碼頭、獨木舟、商店、木柴、洗手間、浴室應有盡有。在炎炎的夏日，到密林湖畔散步、划船、玩水、釣魚，絕對是悠閒過日子，享受大自然的好地方！

在聖海倫火山遊客中心戶外解說臺遠望聖海倫火山，景象非常壯觀。遊客中心附近的步道，走起來非常舒服，就像是走在一幅風景畫之中。

聖海倫火山（Mount St. Helens）

　　這火山位於波特蘭東北85公里處，是喀斯喀特山脈眾多火山之一，它位在華盛頓州內，但是離西雅圖有154公里之遠，所以許多人是從波特蘭出發來拜訪這鼎鼎大名的活火山。

　　聖海倫火山最近一次是在1980年5月18日爆發。這是美國歷史上死傷人數最多、經濟損失最大的火山爆發（〈與熊共舞〉一章述說的1912年阿拉斯加卡特邁火山爆發是美國歷史上規模最大的火山爆發，但那裡人煙稀少，沒有人命和經濟損失）。聖海倫火山爆發造成57人死亡，250座住宅、47座橋樑、24公里的鐵路和300公里的高速公路被摧毀。火山爆發引發大規模的山頂往北塌陷，使得山的海拔高度從爆發前2950米，塌陷到只剩下2550米，並形成了1.5公里寬、125米深的馬蹄形火山缺口。

　　聖海倫火山遊客中心，像一個小型火山博物館，資訊豐富，遊客中心戶外解說臺可以看到整個火山全貌，火山缺口正對著解說臺，中間隔著被火山灰掩蓋過的河谷，河谷現在已經恢復綠意盎然，野生動物也已經回來了！

▲優美、壯闊的瑞尼爾山，這是從北邊日出
（地名Sunrise）照的瑞尼爾山。

▲從天堂（Paradise）往瑞尼爾山走去，積雪越來越
深，沒有足夠裝備，只能走到山麓。再往上走，路
越來越陡，就只能看看山頂，打道回府囉！

瑞尼爾山（Mount Rainier）

　　這是美國本土第一高峰，海拔4392公尺，也是一座火山，形成
於50萬年前。距離西雅圖市區只要二個半小時的車程。晴天時，有
機會從市區看到此山的美景，它可是西雅圖人的驕傲，每一個人都
會推薦去瑞尼爾山旅遊，最好安排兩天一夜以上的行程！

　　瑞尼爾山國家公園於1899年建立，由於它鄰近大都市，每年
都有近200萬人到此旅遊。在這裡，可以看到茂密針葉林與巨大
冰河，它應該是一座活火山，在50萬年前形成，地質學家判斷仍
有爆發的可能性。由於高山氣候不穩定，而且會有不可預測的土
石流，所以這公園一年開放的時間有限，夏季人潮不斷，山上的
龐大停車場還經常客滿，管理員要忙著指揮後到的車，往其他遠
一點的停車場疏散。

　　由於它是北美第一高峰，每年有5000人慕名而來，從天堂
（Paradise，在山的南側）去登頂瑞尼爾山。我們在天堂時碰到

一隊隊的登山隊，在嚮導引導下，第一天要走到山腰避難山屋（Hut）過一夜，隔天登頂並當天下山回到天堂。我查了資料，登頂成功率大約只有一半，登頂不是那麼容易，即使有嚮導在，也不保證安全。就在我們離開不久，新聞報導有登山隊員碰到泥石流（雪融化加上土石坍方）出了意外，有沒有獲救，我沒繼續追蹤，希望他們平安。

山與海、冰與火的奇幻旅程

　　原本想的是自行車之旅，經過與現實一再妥協，就變成這趟自行車與自駕、山與海、冰與火的奇幻旅程。即便是一開始的想像、面對現實後的規劃，真正上路後的應變，還是有千百里的差異。不過，管他的，沒人規定要照著規劃走。我們不是開旅行社，就「愛怎麼走，就怎麼走」，一切隨緣，隨遇而安吧！

　　總之，我們還是收穫滿滿地回到溫哥華，心滿意足地搭飛機回臺灣，這趟自行車練習曲的旅程到現在還是回味無窮。

▲騎自行車漫遊當然是要選車少、道路平坦、風景優美的地段，這種感覺當然與自行車競賽是完全不一樣的。

▲在哥倫比亞河北岸的Trout Lake附近騎自行車，四周都是農田，後面是亞當斯火山。

魚尾峰下的冰雪世界

　　尼泊爾有三個熱門登山健行行程，一個是聖母峰EBC基地營
（Everst Base Camp），一個是安納普娜ABC基地營（Annapurna
Base Camp），最後一個則是安納普娜山脈大環繞。EBC屬於困
難度稍高、較具挑戰性的行程，加上小飛機必須降落在盧卡拉
機場（Lukla Airport），機場海拔2800公尺，跑道又窄又短，降
落時險象環生，被列為世界上最危險的機場，因此我不敢輕易嘗
試。

挑戰群山環繞的「ABC基地營」登山路線

　　安納普娜峰位於喜馬拉雅山脈、尼泊爾中北部境內，海拔
8091公尺，是世界排名第十的高峰。安納普娜是梵語音譯，代表
「食物充足」，也就是豐收的意思。安納普娜是一個東西走向的
山脈，連續幾座7500公尺以上的群峰，分別是安納普娜一號、二
號、三號及四號峰，此外，還有7200多公尺高的安納普娜南峰、
6400多公尺高的Himchuli山，以及6900公尺高的魚尾峰等。ABC
基地營就是位於群峰山谷的小盆地中，四面都被高山環繞。

　　波卡拉（Pokhara）是尼泊爾第二大都市，ABC基地營登山

魚尾峰是尼泊爾人神聖的象徵，沒有人登頂過，而且尼泊爾政府現在也規定不能登頂了。

口Birethanti也是在這附近。從登山口到ABC基地營有幾種不同走法，我第一次選擇的行程是往左先繞到梧桐丘（Poon hill），也就是最著名的賞峰地點，世界第八高峰馬納斯魯峰（Manaslu，8163M）就在它的西北方，可以清楚看見龐大壯觀的山容。不過，不管選擇哪一種路線，途中一定會經過從容（Chhomrong）。

　　與其說安納普娜基地營路線是登山活動，倒不如說是步道健行更為貼切。一般而言，從從容（Chhomrong）走到ABC基地營大約只要三、四天左右。如果用登山的難度來形容，登頂聖母峰屬於第八級，而到安納普娜基地營只能算是第三級，雖然不是很困難，但全程至少要走七、八天以上，而且每天要走六、七個小時的路程，因此需要相當的體力及腳力！

梧桐丘（Poon hill）山頂可以清楚看到世界第八峰馬納斯魯峰（Manaslu，8163M），照片中除了我和中華健行登山會林文坤秘書長外，其餘都是雪巴青年。

魚尾峰是尼泊爾人神聖的象徵

　　在諸多山峰中，魚尾峰是最特別的，目前為止還沒有人攀登過它，因為對當地的尼泊爾人而言，它是神聖的象徵，只能遠觀，不可褻玩。之所以命名為魚尾峰，是因為相距700公尺的二座尖尖峰頂，形狀就像魚尾一樣。據說曾有外國登山隊伍接近魚尾峰頂時，為了尊重尼泊爾人的信仰，不踏上聖山之巔而刻意折返，此後，尼泊爾政府為了保護聖山之巔也封山，不准登山客攀

登魚尾峰。

　　安納普娜基地營（ABC）登山路線其實不難，只要有心，大部分的人都能達成，而這次旅途對我而言，如同回教徒一生一定要去麥加朝聖一般，愛山如我，去尼泊爾高山朝聖也是此生的夢想之一。

　　2013年5月時，中華健行登山會與尼泊爾登山會舉辦了一場友誼活動，從4100多公尺高的ABC基地營出發，去攀爬5600公尺的友誼峰（Tent Peak）。雖然我參加了他們的活動，但志不在登上友誼峰，而是想欣賞魚尾峰獨特的美景，以及環繞在ABC基地營附近的冰雪世界。

安納普娜及魚尾峰基地營登山路線

我們從登山口先到海拔約3193公尺的梧桐丘，這裡的山頂是一片平台，而且還有一座瞭望台，可以三百六十度環繞看群山，視野非常漂亮。從梧桐丘往西北眺望，可以看見世界第八高峰、海拔8163公尺的馬納斯魯峰（Manaslu）。Manaslu梵語的意思是「土地之神」，它的山脊修長、地形複雜險峻，目前為止約只有三、四百人成功登頂而已。

山屋應有盡有，食衣住行還算便利

安納普娜之旅還算舒適、方便，因為旅客源源不絕，當地居

我們有請挑夫協助搬運行李，自己只要帶隨身東西輕裝上路。

當地人利用驢子來運載物品，包括運載食物、用品、啤酒、飲料、瓦斯桶。最常提供的肉類是雞肉，但因路途遙遠，如果先宰殺，怕肉質會腐壞，因此雞販會將整籠的活雞揹上山。

尼泊爾的食物跟印度食物有些雷同，白飯加上簡單的菜及肉，再搭配一碗湯，就是典型的「菜飯」。當地人通常用手抓著吃，只有遊客才會使用刀叉、湯匙等餐具。

民花了不少心力投資山屋（Guest House），包括水、電、通訊等設備都一再改善。鄰近安納普娜ABC基地營的魚尾峰MBC基地營裡有餐廳、浴室，甚至還可以上網。雖然浴室裡使用的是電熱水器，水流也不大，但是對累了一天的遊客來說，能洗個熱水澡是再舒服不過的事了。我第一次去ABC基地營時，很驚訝的發現雖然這裡沒有電話，但竟然有些地方有WIFI，隔年冬天再去時，雖只相距七個月的時間，WIFI已經變得很普遍了，而且也從一個小時50、60元臺幣，變成免費提供給住宿者使用。

清晨美麗壯觀的安納普娜，事實上，它除了主峰外，還有 II、III、IV峰及安納普娜南峰。

兩度踏上安納普娜ABC基地營

　　第一次遊安納普娜的經驗讓我留下深刻印象，回去後跟太太提到這裡景色很漂亮，太太也心生嚮往，隔年冬天，我就帶著她再度踏上安納普娜的旅程。不過，這次我們沒有刻意繞到梧桐丘，而是選擇不同的行程，以不同的方式來感受尼泊爾之美。

　　我原本以為尼泊爾一月是旱季，天氣應該不至於太差，沒想到這次造訪竟碰上大雪。剛開始入山時，海拔不算太高，行程沒受到影響，不過，到了2335公尺高的竹林（Bamboo），已經開始大雪紛飛，由於我們只穿著厚的登山靴，沒有準備冰爪，不敢

再往上前進，只好先停下來。幸好大雪只下了一天，隔天就出現大太陽，因此我們趕緊往上走，之後就到魚尾峰基地營（MBC）住了二天。

安納普娜登山之旅雖然算是健行，但由於行程滿檔，所以還蠻累的，每天吃完晚飯後，我幾乎就不支倒地，然後一覺睡到隔天天快亮時。有時清晨早早醒來，走出山屋，抬頭看看滿天的星斗，運氣好時，還會看到流星雨，這樣的星空真是美極了！清晨日出時，還可以欣賞魚尾峰從金黃色變成一片雪白，變化莫測的景象，是我以前從未看過的景緻。

▲積雪約一公尺左右，不過因為已經有人先開路了，所以不算難走。前方山凹處是往安納普娜ABC基地營的山谷，夏天時是一條溪。

◀我們背後就是壯麗的魚尾峰。

▲魚尾峰基地營有許多山屋，設施齊全，這家還自備有小型水力發電機，有Wi-Fi，能洗熱水澡，有小賣店，一應俱全。

▲魚尾峰基地營（MBC）後面就是魚尾峰，山屋在這聖稜之下顯得格外謙卑安靜。

▲山區氣候變化不定，下過雪的隔日，天氣變晴，下山途中經杜拉里（Deurali）小村落吃中餐、喝啤酒。

魚尾峰基地營（MBC）的山屋環境還算不錯，房間乾淨又舒適，大部分都是二至四個床位的房間，山屋賣東西的小店應有盡有，飲料、啤酒、乾糧，什麼都不缺。

享受野溪溫泉，洗去一身疲憊

　　路途中，從Landruk可抵達小村落Landrung，村外河邊有一處野溪溫泉，上山時我們沒有刻意停留，不過，下山時我們特地下到溪邊。當地的業者把溫泉整理得非常乾淨、清澈。ABC或MBC基地營的山屋雖然有熱水可洗澡，但水量非常小，洗太久也會覺得冷，因此我們總是像洗戰鬥澡般速戰速決。走了幾天的山路之後，回程時能泡一下溫泉，好好放鬆，真是人生一大享受啊！完成行程後再去泡溫泉，彷彿能洗去連日來身體的疲憊，身心也變得更加舒暢。我想如果爬山前就去泡，應該無法感受其珍貴吧！

野溪溫泉門票約臺幣20元左右，非常便宜。

離梧桐丘最近的小村落——古雷帕尼（Ghorepani），在此可以看到很多來自不同國家的登山山友，當地居民也擺起攤子賣起紀念品。

現代化的高山博物館，詳列登山英雄榜

加德滿都是尼泊爾的首都，也是全國政治、商業與宗教的中心，而波卡拉（Pokhara）則是第二大都市，是旅遊的重鎮。相較於加德滿都，波卡拉不但景色更加優美，外國遊客也更多。波卡拉的商業中心非常現代化，聚集了無數來旅遊的外國人，很多人只是純粹來玩，並不會特地去爬安納普娜山脈。

值得一提的是，波卡拉市區裡的高山博物館深深打動我的心。高山博物館並非當地政府獨力蓋起來的，而是靠世界各國愛

好山岳的人和機構贊助，尼泊爾政府才得以完成。高山博物館裡面搜集了世界十四大高峰，以及登頂者有哪些、在何時完成攻頂等，甚至還詳列了臺灣登山隊登過喜馬拉雅山的紀錄。比較特別的是，這裡還有臺灣高山原住民看板，裡面也陳列了臺灣原住民的資訊。在異鄉能夠看見這些跟臺灣相關的資訊，除了興奮之外，心中還有無限的感動。

　　晴天的時候，從高山博物館外面就可以看見整個安納普娜山脈，而魚尾峰雖然不是最高的一座山，但因為地形及位置的關係，顯得特別耀眼、漂亮，這也是它的名氣特別響亮的原因吧！

▲位於波卡拉的高山博物館，建築風格相當現代化。

▲臺灣登山團體贊助的臺灣英雄榜，將臺灣歷年聖母峰攻頂成功者記錄於尼泊爾波卡拉市的高山博物館中。

最豪華的登山越嶺步道

在紐西蘭的南島，有一處著名的旅遊聖地——米佛峽灣（Milford Sound），是去南島旅客必遊之地，這是古代冰河地形形成的美景，現在也是世界遺產的一部分。

而圍繞在米佛峽灣附近的兩條越嶺健行步道——米佛步道（Milford Track）和路特本步道（Routeburn Track），大家比較不熟悉；但這兩條步道是「世界十大最佳步道」排行榜中的常客。

除了世界級的美景、豐富的生態令人讚嘆之外，這也是一次難忘的「豪華登山之旅」。我在臺灣爬遍了百岳，「爬高山」在臺灣人的印象中一直都像是「苦行僧的山林修行」，要親近山林一定要一切從簡，吃、住克難是必然；為了維護山林原本的面貌，山裡的觀光資源總是受限，缺乏完整的規劃和配套，但仔細想想，真正大幅破壞山中生態的並不是觀光客，而是盜林、盜獵、山林開發、高山公路等。

總之，這次去世界「最豪華」的越嶺步道，讓我感觸良多，如果我們能有他們的努力與用心，或許就有更多人能體驗山林之美，而不是提到登山只會聯想到「鬼故事」、「山難」等負面印象！

豪華登山之旅開始啟程

　　這趟行程我們是先抵達紐西蘭皇后鎮，開始進行八天七夜的步道之旅，繞一圈之後，再回到皇后鎮。前五天是參加米佛步道五天四夜的套裝行程，但因為第四夜已經到達平地，所以第五天安排在米佛峽灣旅遊觀光。這四天的米佛步道登山健行，總共要走53.5公里，越過1154公尺高的Mackinnon隘口，然後一路下坡走到米佛峽灣（與海平面同高）。詳細行程如下：

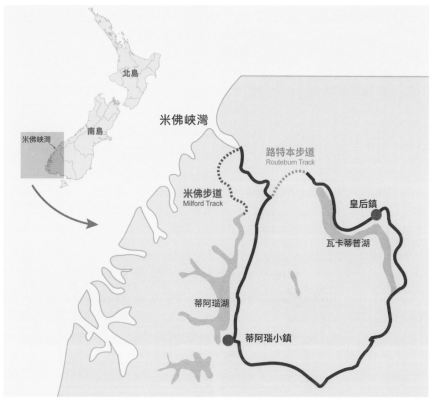

我們從紐西蘭南島的皇后鎮，開始了八天七夜的米佛步道（Milford Track）和路特本步道（Routeburn Track）之旅。

第一天》皇后鎮到Glade House

　　第一天我們先從皇后鎮（Queenstown）搭遊覽車到蒂阿瑙（Te Anau），再轉搭船穿越蒂阿瑙湖，到達米佛步道的入口，開始第一段旅程。因為車程和搭船已耗費許多時間，第一天的步行行程很短，只有5公里平路，大約一個多小時就抵達第一座山莊「Glade House」。雖然還在低海拔區域，卻已經有在深山裡的感覺了。分配房間後，工作人員在山莊後面森林開始一段生態解說之旅。

◀Glade House山莊非常開闊，雖然還在低海拔區域，卻已經有在山裡的感覺。我們造訪時正值耶誕節前夕，工作人員都穿上聖誕老人裝介紹行程跟解說生態。

從米佛步道到路特本步道，Ultimate Hikes經營的山莊共有六處，每一間山莊都像這樣舒適、設備完善。房間都有大片落地窗，窗簾一掀開就是如詩如畫的美景。

米佛步道本身就是冰河留下來的遺跡，有白雪皚皚的山嶺、數不清的美麗瀑布，跟奇特的花草植物。然而，這裡的山莊才是最大的特色，內部設施非常好，這也是我稱它為「豪華步道」的原因之一。

　　米佛步道和路特本步道共有六間山莊，都是由一家私人公司「Ultimate Hikes」所經營，這家公司與國家公園簽訂合約，雖然允許私人經營，但公司對於環境保育、旅遊安全負有管理責任。由於該公司的創始人早期曾擔任皇后鎮的鎮長，是這裡土生土長的在地人，所以對這裡的環境非常了解且用心維護。

　　此外，Ultimate Hikes也替國家公園代管山屋「Hut」。Hut是國家公園設立的，屬於簡單型的住宿小屋，有床（雙層木床）、廚房，但沒有服務人員駐點，入住要自備食物、睡袋，價格當然比山莊便宜很多，適合背包客型態的旅遊。

▲Hut山屋是國家公園設立的，是上下層木床，入住者自己要帶睡袋、糧食，山屋內有廚房、瓦斯爐、餐桌、椅子，而且也很乾淨寬大。

▲步道中途有工作小站，提供飲水、果汁、咖啡、熱茶。隨隊嚮導會先到小屋，準備好中餐休息時需要的各種飲料。

早餐是西式自助餐，吃完同時要自行做三明治、帶水果飲料，中餐要在路上自理。

每天晚上會到下一個山莊落腳，晚餐是重頭戲，每餐一定有熱湯、各式主菜、甜點，是很正式的晚宴餐飲，非常豐盛。

Hut也是沿著步道設置，此行走在步道上，不時會看到眼熟的一群人在健行，但到了住宿地就兵分兩路，一路去住豪華山莊，一路去住Hut山屋。而我既然千里迢迢來到這裡，即使花多一點錢，也要去體驗難得在深山中住豪華旅館的感受啦！

　　這趟山林之旅，白天我們享受美景，晚上享受美食，過得非常愜意；然而，更令我佩服的是他們「不留痕跡」（Leave No Trace）的做法。沿路的山莊、休息站、山屋，都落實這樣的政策，把所有垃圾都打包運走，包括廁所排遺處理後的汙泥，因為它們也會造成山林汙染；在山上的幾間山屋、山莊交通不便，都動用直升機來運輸，這樣大費周章的目的，就是還給大自然一個原始的潔淨！

第二天》健行16公里到Pompolona Lodge

　　這天行程仍在低海拔、地勢平緩的地區，這裡的山勢不高，途經Hirere瀑布，最後抵達Pompolona Lodge。

▲這天已經是耶誕夜，工作人員戴上耶誕帽，大家一起歡度平安夜。注意到了嗎？位於南半球的紐西蘭，聖誕夜可是在夏季呢！

▲山莊內非常舒適，我們正在聽隔天的行程解說。

第三天》步行15公里，跨越山頭

　　這天我們要爬過此趟旅程起伏最大的山頭，可想而知這天是重頭戲，一路都是特殊的景致。從地圖上看來，這天的行程海拔雖然最高，但因為是越嶺峽灣，並不是縱走山脈，所以有不少步道是在河谷上，並非山腰上；這天的行程，有時走在兩座丘陵之間，有時在略高處可以望見遠方山頭的白雪，還可看見冰河遺留下來的隘口地形，跌宕起伏大，又各自矗立的小丘一直蜿蜒到視線的盡頭，這就是冰河遺留下來的峽谷地形，跟臺灣的高山景色有很大的不同。跨越步道的最高峰之後，晚上我們住在山下的Quintin Lodge。

在第三天快到住宿點前，看見紐西蘭最高的Sutherland瀑布（落差有580公尺），白涓瀑布從山壁上傾瀉而下，還激起一陣陣霧嵐，真是太美了！

這是到Mackinnon Pass之前的步道跟下方的河谷,是一個隘口地形,古冰河切蝕後的遺跡。

▲▼走向終點「沙蠅點」途中，經過瀑布和乾淨的小溪，水溫只有不到十度，但是許多外國人還是下水游泳。

◀沙蠅點（Sandfly Point）的紀念招牌寫著：「米佛步道始於Glade House、終於沙蠅點，途經Mackinnon Pass，共33.5英里（約54公里）。」

第四天》結束米佛步道54公里步行

這天我們走了21公里，最後在步道的終點Sandfly Point（沙蠅點）結束了33.5英里的健行，結束了第一階段的四天三夜旅程。

之後，我們向米佛步道上的山稜道別，搭船到第四天的住宿地——Mitre Peak Lodge，這是個臨海、非常美麗的旅館，搭船出海就是米佛峽灣。

第四天我們落腳於Mitre Peak Lodge，這山莊位於綠色山腳下，不但倚山，而且面海，從屋內向外望，可看見山水美景，這裡就像個遺世獨立的世外桃源。

第五天》搭船遊覽米佛峽灣

　　這天行程是坐船欣賞米佛峽灣自然景觀，之後回到Te Anua 小鎮過夜，隔天要繼續挑戰路特本步道！

從終點「沙蠅點」回到麥特爾峰木屋旅館（Mitre Peak Lodge），只能搭船，順道可以欣賞米佛峽灣的自然景觀，碼頭前可以清楚看到鼎鼎大名的麥特爾山峰（Mitre Peak）。

▲▶位在湖邊的Lake Mackenzie Lodge山莊，放眼望去盡是藍天白雲、古冰川的河谷，令人心曠神怡。

第六天》
開始路特本步道行程

　　一早搭車到登山口，開始走路特本步道，這晚同樣是住在Ultimate Hikes經營的山莊，這山莊名為Lake Mackenzie Lodge，位在湖邊，放眼望去盡是藍天白雲、古冰川的河谷，襯上碧綠幽靜的湖水，令人心曠神怡。

▲第六天前往住宿點Lake Mackenzie Lodge的路上，會先登上一個小山頭（Key Summit），再往下到湖邊山莊過夜。

第七天》穿越Harris鞍部，到達路特本瀑布山莊

　　這天要穿越路特本步道的最高點，最高峰的海拔高度比米佛步道的最高峰略高，約1300公尺，但步道並不需要到最高的位置，從鞍部穿越就可以；在這一天的路程中，我們在更高的視野處，就看到被雪覆蓋的遠山坡面，向下則可望見下方河谷平坦處蜿蜒的河流，在淺綠、深綠交錯的景致中，陡峭斜峻的線條，讓畫面顯得更立體；在高處遇到雲霧時，山頭籠罩著朦朧的感覺，但過一會兒雲霧散去，遠山又映入眼簾。這一天我們只走了15公里，但看到的景色變換卻是萬千。

　　山中的最後一夜我們住在Routeburn Falls Lodge，是在路特本瀑布旁的一座山莊。瀑布邊的水靛藍又輕淺，這時正逢南半球的夏天，天氣很熱，住在瀑布旁的山莊挺涼快舒適！

經過Harris鞍部，可以前往1515公尺高的Conical Hill，途中會經過Harris湖，一路上風景如畫，美不勝收。

四周都是皚皚白雪的山頭，我們已經到達Mackinnon鞍部，之後就一路下坡了。

離開路特本瀑布山莊之後，就一路下坡，路況很好，可以遠望下方河谷和河流，走到平地，就抵達終點了。

Harris湖邊有步道，一路往下走，可抵達路特本步道山莊。

173

第八天》準備告別路特本步道

最後一天，下坡行程短，我們慢慢走在溪邊，欣賞一路的景色，走了10公里，最後在33公里處結束了路特本步道的行程，也為這次兩條步道共87.5公里的健行畫下句點。

米佛步道和路特本步道都是「登山健行」的步道，只要有能力一天背著約5公斤的小背包（裝雨具、風衣、中餐、飲水），每天走10幾公里的路（約每天走6小時，上、下午各走3小時，腳程慢的人，一天走7小時也走得完）就可以參與，並不需要任何專業技巧。體驗過豪華登山步道之旅的感想是，臺灣未必沒有這麼美的步道，可是這種精緻化的經營策略卻很難得！

整裝待發，往下就是河谷，我們一行人準備一路下坡走到公路，搭車回皇后鎮。

已經下到河谷，沿著溪畔一直走，碰到停車場，路特本步道之旅就快結束了。

　　一間私人公司可以把一個行程包裝、配套得這樣精緻有質感，同時又能顧及生態保育，分攤國家公園的責任與工作，這種經營的方式才是值得臺灣高山管理單位和高山旅行業者學習的重點。我建議愛山的人來走一趟，看看別人是如何規劃，讓整條步道的旅遊體驗這樣地愉悅！

輯二

幸福長者的武功祕笈

了解身心退化的歷程、醫療照護的現況和極限，

及早規劃退休生活，才能當個身體硬朗的樂齡族，

過得自在喜悅，享受精彩人生，沒有遺憾。

用活動維持每天的活力
是老而不衰的第一步

我早上起床後，會去家後面崇德街山路走6～8公里。一路上，慢跑、騎車、散步的會慢慢熟悉，成為跑友、車友或是山友。有位看顧墓園的老先生，一大早會沿路掃落葉，大概1、2個小時，8、9點後，才開始去做他整理墓園的工作。他屬虎，今（2019）年是81歲，還是努力工作，應該沒有財務問題，就只是活到老、做到老。有位跑友，去年跑完柏林馬拉松，全馬在4小時內完成，世界六大馬拉松就只剩倫敦馬拉松沒能參加。他屬羊，76歲。事實上，我以為他60歲出頭，身體硬朗得看不出來年紀比我大。

這些年紀大卻仍活躍的人，在我的朋友圈裡不算罕見，爬完百岳、跑完百馬的，甚至兩項都來的，還不算少。最近我安排去鞍馬山莊迎接一位山友，他

看顧墓園的張一夫（左）今年已81歲了，還是努力地做整理墓園的工作，貫徹活到老、做到老。

即將完登百岳的最後一座雪山，他希望65歲前能完成夢想。

老了，就一定會衰弱？

當然，年紀大了各項功能都會衰退，有些功能20歲就開始退化，有些40歲才開始；但是個人差異性非常大，有人65歲退休時已經無法行動自如，有人85歲還到處趴趴走，個人差異性至少20年以上。

衰弱（Frailty）是指身體功能逐漸退化，它不像是疾病，疾病總有些明顯的致病因子，而衰弱就是老化的自然現象，只是快慢人人不一。太早衰弱可以看成是疾病，自然隨著老化而來的衰弱，應該不是疾病，卻跟疾病一樣，會造成失能和死亡。

延遲衰弱，能縮短失能的時光

老年醫學學者從疾病診斷的觀點，對衰弱症下了定義，肌力下降、走路緩慢、有倦怠感、體重減輕、低活動量，五個有三個以上，就是衰弱症。

老年醫學的目標是預防疾病，再者是早期治療疾病，避免失能和死亡。一旦被診斷為衰弱，可能比診斷為癌症還嚴重，癌症可以治療，衰弱幾乎沒法恢復，因為診斷確定時已經太慢了。衰弱發生之前，比起許多疾病的發生，有更長的時間可以預防或是處理，等到衰弱症發生，能做的就有限了！

老而不衰的祕訣是
把活動變成生活的主軸

我認識許許多多老而不衰的朋友，都有一個共通點就是「持續不斷的活動」。掃馬路、整理花園、爬山、跑馬拉松、打羽球、栽種蔬菜水果……什麼都有，簡單的說，就是充滿活力的生活安排。

這跟國民健康署或是體育署的333有一些不同，333是指每週至少運動三天，每次至少30分鐘，脈搏達

76歲的馬拉松跑友林觀芝（右），你看他的大腿、小腿都是肌肉，膝關節的功能仍非常好。

到130下。333的目標是預防疾病（特別是心肺疾病）和死亡。安排有活力的生活，強調的是持續地把活動融入生活，不知不覺地「把活動（含運動）變成生活的主軸」，自然就會老而不衰。

安排活動讓生活有活力，並不是件困難的事，比起333等運動處方，更自然有趣，更容易成為生活的一部分。還有，活力生活的安排，最好中年就要開始，免得到時老大徒傷悲！

讓自己成為老化最慢的那個人吧！

長達20年的金齡階段（65～84歲）想要自主獨立，而且健康的生活，預防疾病和減緩衰老，一樣重要。

七成的疾病可以避免或治好

50～79歲是疾病高峰期，癌症、心血管疾病、腦中風、糖尿病、肝炎、肺氣腫……都是老年常有的問題，但是疾病大多可以預防。臺大公衛學院根據哈佛Christopher Murray教授的健康危險因子分類，統計出臺灣幾項重要的健康危險因子，分別是菸、酒、檳榔、肥胖、三高和缺乏運動、BC肝帶原，PM2.5和不健康飲食（高鈉、少蔬果），單單這些就占60％的疾病負擔。如果避開上述危險因子，再加上四大癌篩（大腸癌、乳癌、子宮頸癌、口腔癌），大約七成的疾病可以避免或早期發現而治癒。

我們沒法預防所有的疾病，但是擒賊先擒王，上了年紀更要控制好體重、腰圍，避免三高、菸酒、檳榔，定期進行基本健康檢查（特別是BC肝帶原），加上接受重要的癌症篩檢，能做到，就可以減少許多不幸的發生。

想延緩老化速度，最慢50歲就要開始健康飲食和每日運動30分鐘，當然，能更早更好。

老化無法避免，但可以延緩

衰老和可以預防的疾病不一樣，人從25歲起就開始一直在退化。人的體力和各項功能25歲就開始慢慢衰退，只是到了40、50歲才開始有感覺，而且因為停經或是更年期現象，50、60歲就開始加速老化的進行。

什麼是衰老？就是身體所有功能慢慢退化，體能退化最容易感覺到。心肺功能、肌力、耐力、平衡力、身體柔軟度等都會衰退，而自己也會明顯感受。

60歲的人，常大嘆一年不如一年；70幾歲的人，感覺一季不如一季；80多歲的人，則感受一月不如一月。這表示老化隨著年紀越來越大，速度也越來越快。看不到的骨頭密度、腎功能、肝功能、記憶力、腸胃消化、免疫力、修復力（組織再生能力）……也日復一日的退化。

但是，老化最嚴重的問題是肌少症和骨鬆，這兩者通常一起來，讓人動作緩慢，無法長久站立，沒有精神。最常見的是老人跌倒骨折，躺下休養一陣子後，竟無力起身，生活無法自理，成為長照對象，甚至臥床一陣子就往生。

快培養讓人多活十年的好習慣

哈佛大學的研究發現，單單五項好習慣，就可以讓你多活十年。這五項分別是不吸菸、不飲酒過量、體重適中、健康飲食、每日運動30分鐘。

自由基理論是最廣泛被提及的老化原因，細胞會被自由基攻擊，細胞膜、粒腺體、DNA都會受損。此時，抗氧化劑是救星，運動會增加超氧化物歧化酶（SOD）的產生，減少自由基的破壞。

食物中有許多蔬果含有豐富的抗氧化物，像含薑黃素、茄紅素、兒茶素、類黃酮、胡蘿蔔素等，多吃新鮮蔬果堪稱是最方便的抗老方式。最慢50歲就要開始健康飲食和每日運動30分鐘，當然，能更早更好。若已過了50歲才開始嘗試，也別擔心，事實上，不論幾歲，能夠開始，都是福氣。

有無保養，老化速度可差20、30年

隨著年齡增長，每個人的能力也逐年衰退，這包括外在可

以看見，並且容易測量的，例如肌力、肌耐力、敏捷（反應時間）、柔軟度、平衡力等。眾所周知的體適能測驗，就是在測這種能力。一般來說，平衡力是退化最快的能力，因為這是種綜合能力，包含視力、判斷、反應、肌力、肌肉記憶等能力。

其他各種感官和器官功能的能力，包括視力、聽力、肝功能、腎功能、消化功能、心肺功能、免疫、修復等能力，當然也都會退化。

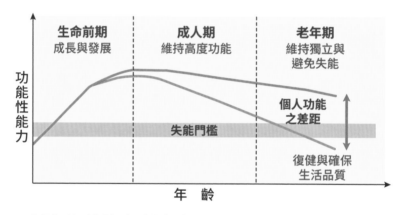

上圖可以清楚看到人的各項能力在嬰幼兒期逐年成長，在青年期達到高峰，然後就逐年衰退，例如籃球選手林書豪30歲就算老將，表示20～25歲體能可能已是巔峰，之後就慢慢下降。

人的生活功能如果下降到失能門檻，就需要依賴他人協助，一般來說，70歲的人大約有10％失能，80歲約有25％失能，90歲將近50％失能；而且要不失能，還要確保沒發生會致死的疾病。例如80歲的人，已經有30％死亡了，剩下的70％，有25％是失能

的，總結，只有大約一半的人能健康的活到80歲。

　　以上都只是平均數字，其實，個人的差異非常大，這差距可以差到20～30年，就是看每個人預防疾病和避免失能的各項因子，是否有確實做好。期許自己成為硬朗的那一群，現在就要開始擁有好的生活型態，為往後存下健康的本錢。

預防疾病和避免失能，從現在做起

　　中老年人，特別是50歲以後的女性，特別建議要補充鈣質、蛋白質豐富的飲食，避免骨鬆和肌少症，雖然這問題是慢性的、無聲無息的在進行，但一旦發現出了問題，通常已無法逆轉。

　　保持下肢關節健康，是行動自如的關鍵，日行萬步是最不會傷害膝關節的運動，也適合任何年齡。

　　對於80歲以上的老人來說，牙齒不好、消化道退化，會變得不喜歡吃東西，容易營養不良，加速衰老的進行。因此，即使是80歲以上的老人，還是要鼓勵他們多參與社交活動，在能力範圍內多進行體能活動，體力有所消耗，自然會多吃。

　　至於照顧90歲以上的長輩，則是另外一回事。這個年齡已經來不及預防、保健和養生了，陪伴可能是最佳良方。當然，能動就動，能吃就吃，不必想太多運動養生或清淡飲食的問題。順其自然，喜歡做什麼，就做什麼，至少不要讓他們走完一生時，還留下遺憾。

健康運動是失能的剋星

　　失能指的是身體、心理或是工作能力的缺損，而政府極力推動的長照2.0是要照顧無法自行飲食、穿衣、洗澡、如廁、行動的老人。老人失能的主要原因是阿茲海默症、腦中風、年老衰弱、跌倒骨折、關節疾病。只有少數是因為癌症和心血管病疾病，因為這些疾病比較不會變成長期的失能狀態。

　　失能是可以避免，或盡量讓它延後發生的。這幾年，阿茲海默症占失能比例逐年增加，因為其他原因比起阿茲海默，比較容易避免和控制。維持運動習慣、多吃地中海飲食、保持社群互動、常動腦等，有助於預防或延緩阿茲海默症。

　　中風也是造成失能的常見原因之一，避免肥胖，控制血壓、血糖、血脂，就是預防中風的不二法門。

　　而失能有一半以上的原因，可以歸咎於常被忽視的一項隱形殺手——肌少症與骨質疏鬆。當然也有人把它歸類為衰老或衰弱症。其實，骨質疏鬆、肌少症、衰弱、跌倒骨折（特別是髖關節）、關節疾病（特別是膝關節），都是因為沒有及早養成運動習慣。

什麼是健康運動？

　　一半以上的失能可用健康運動來避免。及早養成運動習慣，遠離失能不是不可能。建議50歲以後，一定要有一項健康運動的嗜好，並且成為自己生活中不可或缺的一部分，像吃飯、喝水、睡覺一樣。

登山對我而言，不只是活化體能、對抗失能的健康運動，也是我終生的嗜好。

為什麼最晚50歲時一定要養成運動習慣？當然能越早越好，不過，50歲更年期之後，骨質、肌肉開始加速流失，一旦大量流失，要彌補回來不是不可能，但很不容易。

選一項或幾項健康運動為終生嗜好，是對抗老化與失能的不二法門。競技運動（sports）比較刺激、比較吸引人，但是足球、籃球、橄欖球、曲棍球容易因肢體碰撞而受傷；羽球、桌球、棒球、網球過度用力重複同一個動作，容易造成運動傷害；自行車、滑雪、直排輪，有時速度很快，容易發生事故。因此，健走、慢跑、游泳、登山是相對比較安全、適合的庶民運動，而且比較容易當成終生嗜好。

許多人擔心如果已經有肌肉、骨骼或關節的病痛，是否可以運動？當然可以，而且是必要的，不過建議先讓有運動醫學專長的醫療人員診斷，後續再依照復健醫師、物理治療師或運動指導員指示的方式來運動。想要享受退休後的「最美好時光」，就要避免或延緩失能，快點培養自己喜歡的健康運動習慣吧！

年輕銀髮族
是給社會帶來轉機的鑰匙

依據國發會新公布的2018至2065年的人口推估，臺灣人口將在2022年開始負成長。臺灣2018年老年人口約331萬人，占總人口比率14.1％，正式邁入「高齡社會」；預計將於2026年成為超高齡社會（老年人口占總人口比率超過20％）；事實上，臺灣人口老化，現在就已經進入高峰期。

之前另一份報告指出，從現在到2025年的短短幾年間，臺灣將會再增加150萬老年人口，這時期新增的老人多是年輕銀髮族（young old，65～74歲）；而這一批人就像洪水一般向前奔去，2025～2035年間，同

退休後，我仍持續演講、做廣播和寫作。

批人已經變成中年銀髮族（middle old，75～84歲）；最麻煩的是2035年之後，增加的多是老年銀髮族（old old，85歲以上的老人）。

少子化與高齡化，快速增加扶老負擔

與現在的老人不一樣的是，他們多半受過較好的教育，雖然在貧窮中長大，但是經歷的富裕年代最長、累積的財富也最多，也因為醫療科技的進步，遠比上一代的老人健康而有活力。

這群人有智慧、有體力且經濟無虞，接受新觀念與學習新知識的能力強。在臺灣經濟崩壞之後，他們如何以各種不同的形式或能量，適切地釋放，與正在職場上努力的青中壯年世代共同分憂與分享，可能是臺灣社會與經濟的另類轉機。

2018年的扶老比，也就是15～64歲人口扶養65歲以上的老年人口，是每5位青壯年人口扶養1位老年人口；預估到了2065年，將降為每1.2位青壯年人口，就需扶養1位老年人口。事實上，15～64歲的人口不一定是實際勞動人口，現在15～64歲的勞動參與率只有60％，問題的嚴重性不言可喻。

這種超高齡社會現象要解決，只能寄望在年輕銀髮族身上。未來「要被扶養的銀髮族」必須拉高到75歲以上，比較能符合超高齡社會的實際情況。

退休後從事在地的旅遊、休閒、養生等服務性消費，能促成經濟活動，也提升生活品質。
保持與社會的互動及維持健康，不要拖累家人，也是功德一件。

化「被扶養人」為「扶養人」

面對即將發生的現實問題，要想減少依賴、減輕對社會的負擔，最好的狀況是，化「被扶養人」為「扶養人」，化負擔為產值。有幾個方法可以嘗試：

1.**退休年齡延後**：許多國家已在執行，有已經延到67歲的，甚至有的國家想延到75歲，或不設上限的都有。

2.延後足額退休金的發放：如果在法定退休年齡前退休，就
　不應該領足額退休金。
3.退休年金應有地板，但是也要有上限。

　　年輕銀髮族可以繼續工作，但不一定留在原職場、原職位
上，轉為較無時間限制、沒有壓力、責任較小的工作，是比較可
行的安排。勞動參與的價值，可遠超過報酬的對應，許多人投入
志願工作，貢獻能力，也成就他人；而能力被應用，成就也能被
肯定。
　　退休後，從事在地的旅遊、休閒、健康、養生、文藝等服務

性消費，比起奢侈品消費、不良嗜好消費或總是到國外消費，更能夠提升生活品質，也可以將資源留在臺灣，並讓青壯年人有更多經濟活動的機會。

釋出資源幫助年輕人

許多年輕銀髮族累積了相當的財富，特別是房地產，許多人也有閒置資產，事實上，退休生活可以轉至郊區鄉下或安養機構，不僅居住品質更適合老年，也可以將資源釋出，分享給仍在打拚的青中壯年族群，出租、出售、委託經營都好，給下個世代有更多選擇的機會。

將閒置的資金投資、捐贈或鼓勵年輕人創業，也是可行的概念。下個世代年輕族群或許有良好的技能和創意，但缺乏資金，若是能以共同創業、提供資金的形式協助年輕人，可以是一種有力的共享。也可考慮以成立基金的方式運作，集合更多力量，以多人力量設立育兒托嬰機構、老人安養療養設施等，不僅為年輕人創造更多就業機會，也為社會實際的需要找到一條出路。

年輕人礙於經濟條件及照顧嬰幼兒環境不足，不敢生小孩。如果老年人有能力，可以分攤後輩在生兒育女上的時間和財務負擔，這也是鼓勵生育的另一種方式。

種種思維需有心人現在倡議、建立，每個人都要負起一些社會責任，迎面而來的變化，要靠大家一起面對。

人生的巔峰在75歲

　　我演講時常會提到：人的一生中，體力或是運動能力的高峰是25歲，事業的高峰是50歲，但是生命的高峰則應該是在75歲！體力與事業的高峰不用多做解釋，但大部分的人都很質疑，怎麼75歲才是生命的高峰？

　　答案很簡單：因為生命不是只有事業，還包括健康、家庭、生活，以及成就。

生命的黃金十年

　　成吉思汗55歲的時候，當時他率領軍隊到了今日伊朗的附近，那時他說：「再給我十年，我想看看歐洲西邊的大海」，因

為成吉思汗所到之處，都被夷為平地了，所以後人把它解釋成：「給我十年，我將踏平歐洲」。這只是一個歷史典故，其實當時他55歲，已經很衰老了。之後染上風寒，一

臺大醫學系第二屆畢業40年同學會，大家都已經65歲了，但這也是人生黃金十年的開始。

蹶不振，在65歲時回蒙古的路上死掉了，當時55歲的體能狀況相當於人類今天的75歲。

家庭生活是老後不可或缺的要素，照片是太太、小兒子和我一起去爬向陽山。

為什麼說現在人類到65歲還有工作能力？因為平均壽命一直在延長，以65歲的人來說，他的壽命應該還有20年，當然最後的幾年，體力會逐漸衰退，但是我們現在的社會體制是65歲就退休，那退休後的十年，也就是75歲以前，仍然大有所為！

有活力、智慧和歷練的精華十年

退休以後至少還有10年是一個有活力、有智慧、有歷練的精華期，想像一下如果成吉思汗穿越到現代來，在65歲的時候他說：「再給我10年，我將踏平歐洲」，也許真的可以做到！75歲可以是生命的巔峰，這個巔峰不一定是事業的成就，而是一生的巔峰，不是單看事業、財富、家庭、朋友或生活等單個面向，而是一生的總結！一切就看自己的心態，心不老，生命就不會老，就可以達到這個目標。

退休後，若有工作機會，還是要把握。圖為我到清華大學演講。

換句話說，退休了，還是要訂一個人生的目標。人生的魯蛇（loser，意指失敗者）把退休當作終點；人生的溫拿（winner，意指勝利者）會把它當起點，第二生命的起點。在未來十年，小孩都獨立自主了，沒有壓力負擔，健康體力還可以，智慧和歷練都足夠，正是時候可以好好規劃和利用自己一生最寶貴的黃金十年。

善用黃金十年的 5 個建議

1. 維持健康，希望85歲仍能獨立生活

有健康的飲食，持續運動，擴展社交活動及擁有健康的嗜好，規律生活且有充足睡眠，要特別預防骨鬆、肌少症、關節骨骼問題，且每年進行基本健檢。

2. 為成就感繼續工作

儘量安排動腦的工作，工作是為了滿足自己，不一定要有酬勞，但是，一定要能享受成就感。

3. 完成年輕時未完成的夢

寫下夢想清單,由簡單的做起,為了夢想開始學習、練習,加上適當的安排,每個人都可以一路玩到掛。

4. 當別人烏雲中的一道彩虹

用心去關心周遭,用你的智慧、歷練、財力去幫助需要幫忙的人。擔心沒錢、沒有辦法幫助別人?心理支持比金錢重要。

5. 別只想依賴政府年金

政府年金基本上是老鼠會,是沒那麼可靠的養老財源。自己要有一點資產,理財要有原則,別讓啃老族賴家啃食。老本別投機投資,也別胡亂揮霍。

朋友是社交活動的重點,平時可和同溫層的朋友吃吃喝喝,但和不同年齡、不同工作性質的朋友來往,也會有意想不到的收穫。圖為我和老少山友相約一起登上南湖大山。

醫療和照護有其極限

我的媽媽在膝關節置換手術進行例行X光檢查時，意外發現肺癌，5x5公分大，穿刺檢查後，病理報告證實是肺腺癌。肺腺癌長在主大動脈後方，無法開刀或電療。無突變基因，標靶藥物無效，唯一選擇是化療。當時未出現症狀、媽媽沒有因肺癌而感到不適，老人家的癌症長得比較慢，化療不見得對她有利。我說服家人不要化療，針對症狀來治療。

之後，我每星期回家帶媽媽外出吃飯，每兩、三個月安排旅遊。就這樣，過了兩年沒有症狀的快樂時光。之後，她在清境農場旅遊時引發氣喘，發病後，在家裡、病房和加護病房間進進出出，半年後往生。

如果我沒生病，你不會來陪我

記得媽媽跟我說，如果我沒生病，你不會來陪我。沒錯，我當時是衛生署長，她老人家清楚得很，她一定生了什麼病，我沒跟她說清楚。

當她在加護病房裡無法說話時，用手比著天空，嘴型是說爸爸（父親比她早兩年往生）。我很清楚她不想在加護病房治療。

照護90幾歲的老人，有時醫療不一定是第一順位，會有比醫療更重要的安排。

在陪伴媽媽生病到臨終的兩年半，我慢慢知道，媽媽要的只是我陪她，不是治療，不是吃飯，不是旅遊，更不是到高山冒險。

媽媽晚年要的只是陪伴，不是治療，不是旅遊，更不是到高山去冒險。當時沒能了解媽媽的需要，還好，媽媽生病到臨終的這階段，我陪了她兩年半，最後終於知道，媽媽要的是什麼。

治療一般來說是家屬要的，吃飯、旅遊是我以為她要的，到高山冒險是我糊塗了，我的稀鬆平常是她的冒險。

有品質的老年生活，比長照更重要

如果不能提供有品質的老年生活，老人的醫療和長照是沒有任何意義的。前體育主播傅達仁因胰臟癌末期，選擇到瑞士安樂善終，他生前積極推動我國安樂死立法，雖然革命尚未成功，但衛福部在2019年初成功推動了《病人自主權利法》，讓末期病人可以選擇在沒有痛苦、沒有牽掛的情況下，有尊嚴的離開人世。

在《病人自主權利法》上路以前，其實早已經有《安寧緩和醫療條例》，讓瀕臨死亡且已無法避免死亡的末期病人，臨終時可以選擇不接受心肺復甦術。看起來合情合理，但實際執行時卻面臨許多問題。

最顯而易見的就是「末期」的定義，除了癌症，其他疾病無從判斷。雖說是否末期是由兩位醫師判斷，而且目前已經有六成的癌症末期病友接受安寧緩和醫療，但若是其他疾病，就很難判定是否為末期。

最麻煩的是家屬的意見，醫師怕醫療糾紛，通常要等全體家屬有共識，否則只要家屬意見不一，有任何一位家屬不願放手，醫師迫於無奈，為了避免不必要的醫病糾紛，即便知道急救已無濟於事，也只能尊重家屬選擇，繼續讓患者插管，靠機械人工設備勉強維生。

加州女兒症候群

臨床上常碰到許多在加護病房的重症末期患者，雖已簽署或主要家屬已經同意接受《安寧緩和醫療》，但常會突然冒出住在遠方的孝順子女，挑剔醫療團隊的治療，責怪平日就近照顧病人的家人，埋怨他們為何要放棄，這就是美國醫師口中的「加州女兒症候群」（Daughter from California Syndrome）。

當然，不只在加州，類似的情景也不斷在臺灣上演，即使

是末期、已回天乏術的病人，家屬也都有共識，決定要讓老人家善終，但只要家族裡有一位突然出現的「遠方孝子」堅持要救到底，結果都會讓老人家身上插滿管子、CPR壓得肋骨斷了好幾根，仍無法如願走得安詳！

《病人自主權利法》保障病人善終

　　為了避免再有這種遠從天邊而來的孝子女「凌遲」病人，衛福部進一步推動《病人自主權利法》，這是臺灣第一部以病人為主體的醫療法規，也是全亞洲第一部完整保障病人自主權利的專法，適用對象也不再僅限於末期病人，而是擴大為五款臨床條件。

　　只要是末期病人、處於不可逆轉之昏迷狀況、永久植物人狀態、極重度失智，或是其他經中央主管機關公告之重症患者，便可預立醫療，在還有行為能力的時候，決定是否接受、或該如何接受醫療行為。

　　當然，上述每項認定都需經由二位專科醫師確診，並經緩和醫療團隊至少二次照會確認，醫師不會、也不應該因為病患簽了《病人自主權利法》的同意書，就放任他自生自滅。

　　或許有些人會認為，沒有積極救治父母是不近人情，是不孝，但真的是這樣嗎？讓我們來看以下這個案例！

小熊父親不幸中風了

　　山友小熊的父親80幾歲了，平常看起來身體還算硬朗，但是前陣子不幸中風，住院治療後，臥床不起，無法飲食、言語，胃及膀胱造廔，在家由媽媽、子女照顧。

　　由於腦部受傷，小熊的父親非常躁動（irritable），但不知道當事人哪裡不舒服，只能靠鎮定藥物控制。同住的媽媽當然是照顧的主力，請了一位外傭來協助照顧，子女也是協助的角色。

　　有一天，小熊的媽媽感嘆道：「早知道會變成這樣不死不活，當初中風時就不要急救了。」就這樣撐了一陣子，為了不要把媽媽也累癱，家屬決定把父親送安養中心照顧。

提供有品質的老年生活，比硬要老人接受醫療和長照更有意義。圖為我與媽媽的合照。

快樂的走完一生

看完小熊父親的例子，你還認為孝順就是努力延長父母的壽命嗎？小熊媽媽的感嘆，相信也是許多照顧臥床病人家屬的心聲。孝順，不該是讓父母多活幾天，而是趁父母還健康時多陪伴。孝順應該要及時，床邊孝子不是孝子，追思會或葬禮上的孝子，當然也不是孝子。

身為子女，應該要孝順的是健康、需要陪伴的父母，讓老人家活得精采，走得有尊嚴，才是孝順父母最好的方式。

我想再次強調，如果不能提供有品質的老年生活，老人的醫療和長照是沒有意義的。健康的走到生命的盡頭，是我現在想，也努力在倡議的信念。健康與走完人生是矛盾的，所以應該是沒有痛苦的走到生命的盡頭。嗯，這樣想太消極了，太負面思考了，應該是要快樂的走完一生。

當個幸福的一流老人

　　看到理財專家的建議，50歲時要存到1000萬，以理財殖利率5%以上來做理財規劃，到65歲退休時才能累積2000～3000萬的資產，人生的下半輩子才能高枕無憂。我真希望我是看錯了，這些建議應該是給大老闆們和科技新貴看的，這樣也能順便賺取他們的理財服務費。

　　試想，如果25歲開始工作，25年要存到1000萬，三明治族在養兒育女、照顧父母之外，每年還要能存下40萬，還要有高殖利率的投資理財功夫；而現在大部分的七、八年級生，薪水只有3、4萬，要如何達到這個目標？

　　50歲以上的人能存到1000萬的當然有，但畢竟是少數，這些理財專家的建議，最終目的應該是鼓勵大家去理財，他也可以賺得服務費，但這種威嚇總讓我看得膽破心驚。

誰在散布老後的悲慘世界？

　　這類威嚇訊息，也許對於已進入人生下半場的四年級生而言，感覺壓力比較小，一方面他們的平均餘命慢慢在減少，40年次餘17.6年、49年次餘24.9年；再者，他們先窮再富，經歷1973

年到1998年經濟高度成長的年代，多少都有賺到錢，也累積了一些土地房屋等資產。對他們這個族群來說，基本上，生活是過得去的，如果生活出現困境，可能是投資失利、被兒女拖垮、生病失能等狀況。

老後的悲慘世界，當然人人都會擔心，但是散布老後恐怖的氣氛，並不是好現象，然而，誰是禍首？

長照悲歌的報導是一個重要的影響。2018年，有22件照護者殺害被照護家人的報導，也許沒有被報導出來的更多，但這類訊息會影響到有一樣狀況的家庭，也突顯了潛藏的社會現實面，更增加了老人或是準老人的極度不安全感。

其次，社會學者和財經學者們基於社會整體的發展，針對經濟成長緩慢、所得分配惡化、人工智慧造成失業率增加等所謂社會下流化現象，做出各種預測，雖然這些是大問題，但真正要面臨更嚴峻未來的受害者，是年輕一代的七、八年級生，他們一出生就面臨了經濟蕭條，這與四年級生可能面對的悲慘老後是不一樣的問題。

許多長照保險和保健食品業者的廣告，尤其是置入型廣告，會針對中高年族群的健康和照護，以關心為名，做出誇大宣傳。臺灣有最好的健康社會保險，但在預防保健工作方面，做得真令人汗顏。保險業者不斷傳遞「你的未來可能會失能」、「你的未來需要有人照顧」的景象，鼓勵人們現在就加入保險，以確保失

能的老後得到照顧。

　　此外，也真的有不少人會相信吃喝某一種保健食品，就能力抗衰老或者馬上生龍活虎，全世界趴趴走；這些業者完全沒有提供解決方法，都在傳遞錯誤訊息，只為了推銷自家產品。

　　保險和保健食品都只是輔助性的，要靠自己持續運動、均衡飲食、作息正常、拒菸酒檳榔、控制三高、定期體檢及接受癌症篩檢，才是維持健康的重點。

幸福長者的五大武功祕笈

　　坊間多的是告訴你要如何過好退休生活，在我看來，這武功祕笈只有簡單五招，3000萬的存款絕對不是必要招式；有3000萬，你可以做個上流老人，卻不一定是幸福老人。

一、努力維持健康，防失智與失能

　　人不可能不生病，病是可以被治療的，年紀大了不可能沒有一些小毛病，但就像車子一樣，出現小問題或有零件要換，就該去處理，不是拖到在路上拋錨不能動，甚至得報廢，才去面對。目標不是不生病，生老病死都是人生必經過程，但要盡可能的預防失智與失能。健康三分天生，七分靠後天鍛鍊，老後的健康狀況不求和年輕時一樣，但要不影響生活能力，不失能、不失智才是最重要的。

二、有基本的經濟能力

　　沒有錢真的沒辦法好好過日子，但是有了錢，不一定就能過著幸福快樂的日子。錢要準備多少呢？夠過日子就可以了，現在還有年金制度，多少有一點點收入。除了勞保年金外，還有勞退新制公自提的制度，但在臺灣，自行提撥6％的人非常少，也就是說，沒有自行提撥6％的人，得想辦法強迫自己提撥6％來儲蓄。若依勞退新制，並有自提，自提的部分，會在個人帳戶，最低利息比照銀行定存，政府委託操盤，若有盈餘會分配給存款人，年輕人可稍加留意。

　　現在要邁入老年的四年級，其實是實施國民義務教育和經濟起飛的年代，受過一定的教育，也有些經濟基礎；這族群有學習的能力，要因應時代變遷，會一點資訊、網路等技能，經歷過臺灣的黃金25年（1973～1998年），沒有意外的話，應該有一點積蓄，在生活無虞之餘，就要想辦法維持身體的健康。

　　前面的篇章提過，我認識一個80多歲的守墓人，他每年在清明節前幾個月，會替人整理墳墓，錢不多，但他樂於工作；他平常也會到處走動，做自己的事。他應該不需再靠工作維生，但他自由自在，能在老的時候，不必為三餐憂慮，身體多勞動，也能維持健康。

三、回家有伴分享喜悅

　　以往會建議要經營家庭關係，但現在很多人沒有結婚，或是家中只有一個小孩，所以或許可以擴大定義，結合朋友一併思考，也就是要有對象可以分享你的生命，不論是老伴、兒女、孫女、養子女、寵物等等都可以。

四、有不同領域的朋友互動

　　朋友和家人提供的功能有些不同，其實朋友要多元化，什麼樣的朋友都可以有。工作時，我的朋友大部分是公務員，可能討論的話題比較侷限。後來，我結交了一起去爬山的山友，一起騎車的車友，一起划獨木舟的舟友；我也有大老闆的朋友、也有政治人物的朋友、也有農人、司機、民宿業者、里長、守墓人等領域的朋友，這樣就更能了解到不同的生活，也能從各種不同的生活經驗中獲得不同的啟發。相對地，我們也會有不同的回饋，分享給身邊的朋友們。尤其我特別希望能把正向的能量、生命觀，帶給更多的人，影響更多的人。

五、有社會網絡和社會團體

　　這裡指的是你必須知道社會上有什麼社團、政府單位和各種資源團體，在你需要的時候，可以提供協助，例如你至少知道110、119、112是什麼，如何取得協助。或許你知道生命線、張

老師是什麼，會提供什麼服務，但你要知道更多社會機構，才能在需要幫助時，找到正確的資源。

努力當個幸福的老人

我們大部分的庶民，退休後存不到3000萬，一輩子也成不了上流老人；但你若做好準備，要變成下流老人也不是那麼容易。下流老人指的是靠著領社會救濟金過日子，沒家人、沒朋友、沒社會連結的人，是不得已要這樣過日子的人。

我花蓮的鄉下住屋，隔壁住了一個老人，有兒女在外地生活。他每天就是種田，家裡沒有電話、電視，平常也不開燈、不使用多餘的電器，用地下水或井水，我常送他米，他一個月的生活費3000元就夠了，沒聽過他對日子有抱怨，他選擇這樣的生活方式，也是怡然自得。他是不是下流老人？或許對你我來說可能算是，但或許對他來說，他是個幸福的一流老人。

《下流老人》這本書或許把臺灣的老人和準老人們都嚇壞了，好像沒有巨額存款就會進入一個悲慘世界；其實不然，我沒有3000萬，我也可以過好我的老後。我不能做上流老人，但只要我有了這五招祕笈，有健康、有基本的經濟能力、有家人、有朋友、有社會網絡，我就是個一流老人！

從小事開始，
做一件感動自己的事

有一天，在爬山路上，我遇到一位女士，她叫著「Dr.葉！Dr.葉！」跟我說：「你寫的一篇文章改變了我！」我以為是流傳最廣的「如果我沒辦法醒來，不要串通醫生凌遲我」，結果不是。她說：「你在《最美好的時光》一書裡提到，即使是做一件小事，都可能改變世界，每個人都擁有可以改變世界的能力。」很可惜，因為是在爬山途中，我匆忙趕路，忘記問她到底做了什麼？但是卻讓我想到，這個理念還可以講得清楚一些。

在我的書裡，讀者看到的生命清單、夢想、壯遊等，好像不是一蹴可幾的事；其實我要講的是：「改變，從小事開始」。一開始千萬不要太難；不要一開始就去走印加古道，也不要一開始就去阿拉斯加冰川划獨木舟；而是從自己可以做到、可以完成的小事做起，這樣會比較有成就感。

只是增強了一個人的信心
就可以完成夢想

我常在演講的時候，提到我和楊志良去爬雪山的故事。2010

年，楊志良當衛生署署長時，他曾經去爬玉山，爬得很辛苦，當時他64歲，他說這輩子應該不可能再爬高山了，因為這次經驗對他來講，也許是一個極限。但是，過了三年，在他67歲時，我邀請他爬雪山，我跟他說「沒問題的，我來安排，跟我走就是了！」我們不用趕路，安排個4天，總可以完成吧！我也約了幾位跟他實力相當的人一起參與，增加他的信心。這些同行者心想，楊署長可以爬的山，我們應該也可以成功。結果，我們全部都做到了！

　　我沒有改變什麼，只是改變了他的信心，我做到了說服他「You can make it！」，只要你想做，有適當的安排、適度的訓練，是可以完成這個夢想的！這有什麼大不了？當然只是小事一樁，但是楊志良是名人，我用他的故事來激勵很多人；只要你想做，加上一些適當的準備工作，決心要做，你便可以做得到！

山上淨山的志工

　　不久前，我去爬觀音山硬漢嶺，到山頂時，有一家人，在山上做淨山的工作，收集了三十幾袋垃圾，看起來大概已經整理了一個早上。看到我們上山，便問我們能不能幫忙提一些下山，放到管理中心垃圾場？當然我們很樂意幫忙，我太太拿了兩小袋，我提了一大袋，相當沉重。我們將垃圾拿下山，2公里多的下山路程，走了1小時，也有其他年輕人幫忙拿，其實我們這是舉手之勞，辛苦的是他們已經在山上撿了一個早上。我到山下後，才發現忘了告訴他們，我其實被他們感動。

　　如果我們簡單的向他們表達一點心裡的感動，或者是表現出我們的同理心和讚賞，這些溫暖的回饋，會將他們在山上忙碌幾個小時的疲累，轉換為快樂和持續的動力。

　　他們有沒有改變社會，有沒有改變別人？有的，至少他們感動了我，相信也多少影響到其他幫忙的人。也許他們並不知道這件事感動到了別人，但若有人向他們表達內心的感受，他們便會知道自己改變了別人、影響了別人，這絕對是值得感動的一件事。

樂觀正向的臨終病人

　　另外一件影響了我，讓我一直想寫下這些想法的，是一位臨終的病人。每次見到他，他都很高興，我不能理解，為什麼一位

生命即將結束的病人，枯瘦如柴的躺在病床上，卻能不哀怨、不痛苦，而能這樣樂觀正向的面對死亡？

原來他簽了大體捐贈，他覺得成為大體老師是高尚的，將能教出很多醫學生，這些學生將會去救更多的人。從他的立場來看這件事，如果沒有成為大體老師，他的心情也許不會像現在這麼愉快與豁達，他也許會覺得痛苦、覺得人生毫無希望，但是他現在卻好像做了一件快樂的善事，將臨終的悲傷化為行善的力量。不論他有沒有捐出大體，他仍即將往生，這是不會改變的事實；但是他改變了自己，也影響到周圍其他人。

微小而美好的力量是無窮的

不論是撿垃圾或是捐大體，這是小事，還是大事呢？比起國家大事，這些當然都是芝麻小事，但其中衍生的教育意義，感動人心的力量是無窮止盡的。這些微小的美好，需要有人把他們寫出來，讓別人也能感受到這些感動與用心，將感動分享給更多的人。不要吝於表達感動，如果有能力，將這些故事轉述或傳頌，就能將改變及感動的範圍再擴大出去。

尤其現在這個高度使用社群的時代，傳遞訊息很快速，不像過去，要讓大家知道一件事沒那麼容易；去做、去說、去傳達，不只將小小的改變轉化為大大的力量，也能把值得留下來的感動和回憶，變成一篇篇溫暖而美好的故事。

給五十歲的你

你五十歲，走到人生的下半場了，

趁中場休息，我給你一點點提醒和建議：

陪伴父母

你的父母大概是75～85歲，健康年齡平均剩不到十年。

及早關心父母的健康，快陪伴健康的父母吧！

陪在病床邊不是孝子，告別式中的孝子更是欺騙社會。

關心老伴

現在想換老伴太晚了，忍著點，

不管喜不喜歡，都還有三十年要共同生活。

學習新事物，安排共同社交圈，培養共同嗜好興趣。

相信我，老伴會是越老越美、越珍貴的。

放手兒女

你的小孩大概已經15～25歲了，不要吝於給予獨立自主的訓練。

愛的極致就是放手，放手才是真愛，放手才能讓兒女真正成長。

規劃人生的下半場

你已經拚了25年工作了,你的事業應該有點名堂了。

事業的巔峰在50歲,生命的巔峰在75歲。

你該開始拚生命的巔峰了,

注意事業和生活的平衡,健康和家庭更要優先。

保持健康活力

沒病?你不知道而已。

每年基本健檢是最簡單的,兩小時可以搞定。

抽菸、拚酒、檳榔都該停了。

運動、健康飲食最重要,預防骨鬆、肌少、關節骨骼問題。

三高?沒有最好,有就控制吧,還來得及。

安排社交活動,培養健康嗜好。

還有規律生活、充足睡眠。

繼續工作

逐漸把動手改變成為動腦模式，

培養接班人，授權幹部、下屬。

不要自己做到死，也不好把整個團隊帶去死。

安排退休資金

別想完全依賴政府年金，

年金基本上是老鼠會，說不會倒的是詐騙集團。

給你一個良心建議：

至少規劃三分之二靠自己（老後工作收入、現金、不動產）。

逐夢永遠不會太慢

寫下一些夢想，不太難的先做，增加信心。

夢想清單可以隨時改變，

越浪漫的，越值得你去實現，讓你返老還童。

越挑戰的，越值得你去冒險，讓你成就年輕時的夢。

行有餘力，回饋社會

給下一代、年輕人希望，做別人烏雲中的一道彩虹。

金錢不一定是萬能，陪伴、欣賞是最好的心理支持。

多言無益，做就對了！

預約生命的終點

必然有一天，你必須與大家說再見。

記住，

活要精采，走要瀟灑。

別在終點線前受盡凌遲，

別留財產讓兒女反目。

生命應該無痕，值得留下的都在心裡。

落紅不是無情物，

化作春泥更護花。

200cc的任性

文／葉雅馨（大家健康雜誌總編輯暨董氏基金會心理衛生中心主任）

　　《在世界的中心呼喚愛》這部日本愛情片，讓艾爾斯岩石（又稱為烏盧魯Uluru）不再陌生，也是計劃出版這本書的開始，葉老大告訴我，他和張老師要去造訪澳洲這顆神祕岩石了！再不久，傳來他們的合照，背景就是紅彤彤的艾爾斯岩石，傳說中它有著美麗而神聖的力量，旁邊一顆大樹也因為岩石的巨大而顯得渺小。

本書作者葉金川與夫人造訪位於澳洲中部愛麗絲泉附近的艾爾斯巨石，背景就是《在世界的中心呼喚愛》電影中，美麗又神祕的烏盧魯（Uluru）。

在那次後，隨著他不斷地完成一次次探索旅程，陸續傳來整理的初稿，加上照片，很肯定的是葉老大玩得很開心。對我而言，則開啟了許多的挑戰及無限的想像。對不常與大自然為伍的我而言，看著一篇篇的旅行紀實，彷彿進入紙本的國家地理頻道。想像著大肥熊和「撿便宜」的水鳥同景；與熊近距離接觸時的屏息；古柯葉只有在山區可以合法使用，不能咬、不能吞，只能含著，可預防高山症；獨木舟原來分Kayak和Canoe兩種，前者起源於愛斯基摩人捕魚交通用的動物皮艙船，可隔絕外界寒冷；後者是源自印地安式獨木舟，適合內陸湖泊河川旅行的運輸；還有冰河泛舟後葉氏營地（Yes Camp）的野炊，以及瀑布下的淋浴；或在育空河漂流許多天，全然沉浸在山川懷抱，或與動物對望，想像動物寬容的讓你進出牠家，共宿大自然……這該歸類為旅遊、教育或環保類的書？還是勵志故事？傳奇人物誌呢？

也不由得讓我想起日本女詩人柴田豐，她92歲才開始寫詩，到了98歲，出版了人生第一本書《人生別氣餒》創作詩集，在日本暢銷150萬本，被譯成好幾國語言。她在詩集裡形容自己一天的生活：到這個年齡，每天早上起床是件辛苦的差事。但是我還是說聲「yo-I-syo」（日語，意即「加油」），鼓勵自己起床，吃一片抹上奶油或果醬的麵包，和一杯紅茶，不管如何孤獨寂寞，我想：人生總是從現在開始。相信她在90歲時，也不曉得自己92歲會成為詩人，人生真是有無限可能吧！

媽媽的家常菜，讓持續近25年的Saturday night party，有了最溫馨的凝聚。

也想說說我爸媽持續了近25年的Saturday night party。媽媽本是屏東省立醫院的護士，60歲退休後，和爸爸搬來臺北，開始這個餐聚。爸爸訂了兩個規則：一是基本成員（三個女兒及女婿、外孫子女們、乾女兒及乾孫子們），有事不能來就請假，歡迎攜賓帶伴；二是所有參加的人都有飲料，喝酒的則一人一瓶200cc威士忌，說是為了怕喝過多而限量，但喝開懷，不夠也可「續罐」，依自己的速度慢慢喝。媽媽本來就好手藝，推出家常料理：魯肉魯蛋、烏魚仔拼盤、糖醋排骨、清蒸魚、明蝦、各式炒青菜、幾盤小菜，以及炒米粉，像辦桌！沒錯。媽媽常因為有我們陪伴，有很多不同的刺激，所以年齡相仿的朋友漸漸失智了，她和爸爸的記憶力還熱鬧的持續著。幾年下來，這些經常性的飯友漸漸都變成酒友，而且酒量都不錯（包括我媽媽），200cc成了基本量。

爸爸常喝得開心就會清唱一曲，時而用英文唱Too old to dream、My old Kentucky home……時而用日文唱，想到哪一首就唱哪首，有時喝多了忘詞，大家就一起啦啦啦起來……。90歲的他，漸漸養成餐餐喝的習慣，因為實在太多可慶祝的理由了！

除了生日，有朋友來坐坐、有好菜、電視有好節目、心情好、孫女交男朋友了、還可以的醫療報告指數……有時沒有酒伴，他會說自己就是伴，想喝就喝。那股恬意享受生活的態度常感染著我們……。

　　這篇後記，醞釀多時，因為幾次要開始寫，不禁又掉進書中許多美景及想像。書分兩輯，輯一是與大自然為伍後的驚奇紀實，輯二是關於幸福長者的武功祕笈。後者其實是同為戰後嬰兒潮出身的他，對臺灣高齡化社會感同身受，用很有溫度的方式，點出問題及倡議「如何做個幸福的一流老人」。這本書出版的目的，除了讓讀者跟著一篇篇旅程紀實體驗享受外，也是希望激起讀者一股嘗試追夢的勇氣，誠如葉老大在自序裡所說：如果後來發現做不到，難道就不能懷抱夢想嗎？不論夢想是如何的偉大或看似卑微，重要的是追夢人對於「美好」事物永遠懷抱著那一份渴望，那才是人活著的價值。

透過本書「輯一」精彩的旅行紀實，我彷彿進入紙本的國家地理頻道，得以一窺位於阿拉斯加半島北部的棕熊抓鮭魚時，「撿便宜」的水鳥來搶食魚肉的驚險瞬間，以及藍天碧水相映的育空河。

退休，任性一點又何妨

作　　　　者／葉金川

總　編　輯／葉雅馨
主　　　編／蔡睿縈
執　行　編　輯／張郁梵
採　訪　整　理／葉語容、吳佩琪
校　　　對／彭琬鈴
封　面　設　計／比比司設計工作室
內　頁　排　版／陳品方

合　作　出　版／財團法人寶佳公益慈善基金會

出　版　發　行／財團法人董氏基金會《大家健康》雜誌
發行人暨董事長／謝孟雄
執　行　長／姚思遠

地　　　　址／臺北市復興北路57號12樓之3
服　務　電　話／02-27766133#252
傳　真　電　話／02-27522455、02-27513606
大家健康雜誌網址／http://www.healthforall.com.tw
大家健康雜誌粉絲團／https://www.facebook.com/healthforall1985

郵　政　劃　撥／07777755
戶　　　名／財團法人董氏基金會

總　經　銷／聯合發行股份有限公司
電　　　話／02-29178022#122
傳　　　真／02-29157212

法律顧問／首都國際法律事務所
印刷製版／緯峰印刷股份有限公司

國家圖書館出版品預行編目(CIP)資料

退休,任性一點又何妨 / 葉金川著. --
初版. -- 臺北市：董氏基金會<<大家
健康>>雜誌, 2019.06
　　面；　公分
ISBN 978-986-97750-2-1(平裝)
1.退休 2.自我實現 3.生活指導

544.83　　　　　　　108008206

本書如有缺頁、裝訂錯誤、破損請寄回更換
歡迎團體訂購，另有專案優惠，
請洽02-27766133#252